梁啓超 著

飲冰室合集

專集

第十一册

中華書局

飲冰室專集之三十九

墨子學案

自敘

十餘年前。曾著中國學術思想變遷之大勢一篇。刊於新民叢報。當時卽欲將諸家學說。各爲專篇。示其梗概。久而未成。爾後日有擘索。所得漸進於昔。而亦益不敢自信。欲有所寫定。恆歙然而止。去冬應清華學校之招。爲課外講演。講國學小史。初本擬講十次。既乃賡續至五十次以上。講義草藁盈尺矣。諸生屢以印行爲請。顧茲稿皆每日上堂前臨時信筆所寫。多不自慊意。全書校定。既所未能。乃先取講墨子之一部分。略刪訂以成此本。吾嘗以爲著書而作名山之思者。皆我慢耳。學問之道。進化靡有止詣。欲以一人一時之精力智慧。完成一種學問。蔑無是處。然則無論若何矜愼刻苦。其所得者亦必僅一部分而止。而疏漏誤謬。仍終不得免。人人各自貢其所得之一部分。以喚起社會研究之興味。其疏漏誤謬。則自必有人焉補苴而匡正之。斯學術之所以見其進未見其止也。若啓超者。性雖嗜學。而愛博不專。事事皆僅涉其樊。而無所刻入。何足以言著述。故年來叢稿高可隱人。輒以閣庋。不敢問世。今誓發願。破除求完求美之妄念。悉取其所曾肆力者。稍加整治。次第布之。以俟世之君子痛繩而精削焉。茲編其嚆矢也。民國十年四月五日。啓超記。

吾昔年曾爲子墨子學說及墨子之論理學二篇。坊間有彙刻之名爲墨學微者。今茲所講。與少作全異其內容矣。胡君適之治墨有心得。其中國哲學史大綱關於墨學多創見。本書第七章多采用其說。爲講演便利計。不及一一分別徵引。謹對胡君表謝意。

著者又識

墨子學案

第二自序

本書既概述墨學之全體大用。而結論則太息於秦漢以後墨學之中絕。及細思之。而有以知其未盡然也。凡一切衆生所造之共業不共業。其種子必持續於後。而永不滅。雖極微細之事相且有然。況墨學者。戰國二百餘年間。其言盈天下。而謂易代之後。遂如饕風捲葉。一掃無迹。天下寧有是理。吾嘗諦觀思惟。則墨學精神。深入人心。至今不墜。因以形成吾民族特性之一者。蓋有之矣。墨教之根本義。在肯犧牲自己。墨經曰。『任。士損己而益所爲也。』(爲讀去聲)經說釋之曰。『任。爲身之所惡以成人之所急。』墨子之以言教以身教者。皆是道也。是道也。秦漢以後士大夫信奉者蓋鮮。而其統乃存於匹夫匹婦。今試行窮鄉下邑。輒見有弱婺襁負呱呱之子。襤褸而行乞者。吾人習見莫之或奇。莫之或敬也。而不知此種行爲之動機。乃純出於『損己而益所爲。』純是『爲身之所惡以成其子之所急。』其在文化與我殊系之民族。則婦女爲葆其膚顏之美姣而棄子弗字者。比比然矣。又恆見有壯夫侍其老羸廢疾之父母昆弟。因以廢其固有之職業。雖百艱而不肯舍去。亦有齒落髮白垂盡之年。不肯稍自暇逸。汲汲爲其子孫謀者。若此之類。就一方面論。或可謂爲妨害個性之發展。就他方面論。則互助精神。圓滿適用。而社會之所由密集而永續也。夫所謂『摩頂至踵利天下』者。質言之則損己以利他而已。利億萬人固利他。利一二人亦利他也。況愛無擇。固利他。專注於其所親。亦利他也。己與他之利不可得兼時。當置他於第一位而置己於第二位。是之謂『捐己而益所爲』是之謂墨道。今之匹夫匹婦。曷嘗誦墨子書。曷嘗知有墨子其人者。然而不知不識之中。其精神乃與墨子深相懸契。其在他國。豈曰無之。然在彼則爲畸行。在我則爲庸德。嗚呼。我國民其念之。此庸德者非他。乃墨翟禽滑釐孟勝田襄子諸聖哲。濺百餘年之心力以蒔其種於我先民之心識中。積久而成爲國民性之一要素焉。我族能繼繼繩繩與天地長久。未始不賴是也。復次我國人二千年來言軍旅之事。其對於開邊黷武。皆輕賤而厭惡之。對於守土捍難。則最所尊崇。若關羽張巡岳飛之流。千百年後婦人孺子猶仰之如天神者。皆捐軀於所職以衞國土禦外難者也。此種觀念。皆出於墨子之非攻而尊守。故吾國之豪傑童話。與他國多異其撰。故吾國史蹟中。對外雖無雄略。且往往受他族蹂躪。然始終能全其祖宗疆守勿失墜。雖百經挫撓而必光復舊物者。則亦墨子之怯於攻而勇於守。其教入人深也。而斯義者則正今後全世界國際關係改造之樞機。而我族所當發揮其特性以易天下者也。吾覆校所講竟。得此二義。輒寫以爲第二序。既以見學術之影響於國民性者至鉅。且以見治古學者之當周於世用也。至墨子之經濟理想。與今世最新之主義多脗合。我國民疇昔疑其不可行者。今他人行之而底厥績焉。則吾書中既詳哉言之矣。

四月五日　啓超再記

墨子學案

目錄

附錄三　墨經通解敍

飲冰室專集之三十九

墨子學案

第一章　總論

一　墨子之生地及年代

太史公不爲墨子立傳。僅於孟子荀卿傳末附載二十四個字云、『蓋墨翟宋之大夫。善守禦。爲節用。或曰並孔子時。或曰在其後。』我們想在正史裏頭研究這位聖人的履歷所得乃僅如此。眞失望極了。因爲史文闕略。所以他的籍貫年代都很發生問題。或說是魯人。（呂覽高誘注）或說是宋人。（葛洪神仙傳文選李善注荀子楊倞注）或說是楚人。（畢沅畢子注序武億授堂文鈔墨子跋）宋人之說。因史漢都說墨子嘗爲宋大夫。所以傳誤。據公輸篇有「歸而過宋」一語。其非宋人可證。楚人之說。不見於舊書。畢沅武億輩好奇。因墨子與魯陽文君有關係。謂魯當是魯陽。魯陽楚邑。墨子遂變成楚人了。考貴義篇稱『墨子南遊於楚。』若自楚之魯陽。往當云遊郢。不當云遊楚。又稱『墨子南遊使衞。』若自魯陽往衞。當云北遊。渚宮舊事載『魯陽文君說楚惠王曰。墨子北方賢聖人。』其非楚人魯陽人。更可知。呂氏春秋愼大篇云『公輸般將以楚攻宋。子墨子聞之。起自魯。十日十夜至郢。』魯陽距郢。不應如是其遠。必爲魯國之魯無疑。據此看來。墨子魯人之說。當爲近眞。

墨子爲宋大夫之說。除孟荀傳外還見於漢書藝文志。但我也不敢深信。查本書中。絕無曾經仕宋的痕跡。太史公或因墨子曾救宋難。所以說他仕宋。其實墨子救宋。專爲實行他的兼愛非攻主義。那裏論做官不做官呢。墨子曾說『道不行不受其賞。義不聽不處其朝』（貴義篇）當時的宋國。就會行其道聽其義嗎。墨子是言行一致的人。如何肯立宋之朝。所以我想墨子始終是個平民。沒有做過官的。

年代問題。越發複雜了。史記引或說『並孔子時。』畢沅的考據。說他周赧王二十年還生存。前後相去二百多年。據我的意見。考證這問題。當以本書所記墨子親見的人親歷的事爲標準。再拿他書所記實事做旁證反證。我所信的是鄭繻公被弑後三年。（西紀前三九〇）墨子還未死。吳起死時。（前三八一）墨子卻已死了。墨子之死。總不出這前後八年間。上推他的生年。總不能比公輸般小過三十歲。公輸般是孔子卒前十年已生的。所以我推定。

墨子生於周定王元年至十年之間。（西紀前四六八至四五九）約當孔子卒後十餘年。（孔子卒於前四七九）

墨子卒於周安王十二年至二十年之間。（西紀前三九〇至三八二）約當孟子生前十餘年。（孟子生於前三七二）

我另有一篇墨子年代考。附在卷末。今不贅述。墨子的生地和年代。既大略確定。就可以觀察他的環境。研究他學說的淵源了。

二　墨子的環境及其學說淵源

第一　古代封建社會。階級政治。春秋中葉。發達到最完滿。此後便盛極而衰了。孔子對於這種社會。雖常常慨歎他的流弊想加以矯正。但孔子並沒有從新改造的覺悟。不過欲救末流之弊恢復原有的好處。墨子生孔子之後時勢變遷越發急轉直下。墨子又是個極端的人。不像孔子那種中庸性格。他覺得舊社會整個要不得非從根本推翻改造不可。所以他所提倡幾條大主義。條條都是反抗時代潮流。純帶極端革命的色彩。革除舊社會。改造新社會。就是墨子思想的總根原。

第二　「尚文」本是周代特色。到春秋末年「文勝」的弊端越發顯著。漸漸成爲虛僞的社會。所以棘子成一派人已經憤慨說道。『君子質而已矣。何以文爲。』論語 孔子作春秋。雖說是『變周之文從殷之質。』公羊傳 但孔子終是個中庸的人。固然不願意『文勝質則史』也不願意『質勝文則野。』始終取調和態度。墨子以爲這樣救不了時弊。所以毅然決然『背周道而用夏政。』淮南子要略

第三　墨子是看著三家分晉田氏篡齊楚越極盛强秦也將次崛起。幾百年的世家沒有幾家能保全。那些小國都是朝不保暮。眼見戰國時代「殺人盈城殺人盈野」的慘狀。跟著就來。那向戍一流的「弭兵談」。是挽不轉這種狂瀾了。他要從社會心理上施一番救濟。所以提倡「兼愛」。再從「兼愛」的根本觀念上。建設「非攻」主義。

第四　貴族的奢侈。自古已然。春秋戰國之間。國愈大。物力愈豐。專制力愈强。奢侈的程度也跟著愈甚。再加以當時經濟狀況變遷。經濟上的兼幷與政治上的兼幷駢進。觀范蠡三致千金子貢結駟連騎。可想見當時富族階級的勢力了。貴富兩族相競於奢侈。平民資產被掠日甚。所以墨子特注意經濟組織的改造。要建設一種勞力本位的互助社會。

第五　墨子是一個無權無勇的人他的主義有甚麼方法能令他實現呢他是個大慈善家斷不肯煽動人民流血革命而且那時也不是羣衆運動的時代他沒有法子只好利用古代迷信的心理把這新社會建設在宗教基礎之上他的性格本來是敬虔嚴肅一路對於古代宗教想來也有熱誠的信仰所以借「天志」「明鬼」這些理論來做主義的後援

第六　墨子時老子學說在社會上已很占勢力老子採絕對的自由放任主義所以說『無爲而治』說『不尚賢使民不爭』墨子注重「人爲」以爲天下事沒有委心任運做得好的所以他主張干涉主義主張賢人政治他的篇名叫做「尚賢」和老子的「不尚賢」正反對他說要『上同而不下比』(尚同上)壓制人民自由實行「有爲而治」主義都是對於老學的反動

第七　墨子生於魯國又當儒學極盛之時魯號稱守禮之邦是周代舊式文明的代表儒學受了這影響本來已帶幾分保守的色彩尤可惜者孔子卒後諸大弟子相繼淪喪獨子夏享高壽且爲魏文侯師所以他這一派獨盛行子夏本是規模最狹的人並不能傳孔學眞相於是儒者專講形式漸漸腐敗下去了墨子少年也曾『學儒者之業受孔子之術旣乃以爲其禮煩擾傷生害事靡財貧民』(淮南子要略)於是自樹一幟所以墨子創教的動機直可謂因反抗儒教而起本書魯問篇舉出儒教應反對的理由四件說道

『儒之道足以喪天下者四政焉儒以天爲不明以鬼爲不神天鬼不說此足以喪天下又厚葬久喪重爲棺槨多爲衣衾送死若徙三年哭泣扶然後起杖然後行耳無聞目無見此足以喪天下又弦歌鼓舞習爲聲樂此足以喪天下又以命爲有貧富壽夭治亂安危有極矣不可損益也爲上者行之必不聽治矣爲下

者行之必不從事矣此足以喪天下』

墨子因儒者不說天鬼所以說「天志」「明鬼」因爲儒者厚葬久喪所以要「節葬」因爲儒者最重音樂所以「非樂」因爲儒者信運命所以「非命」這四個主義都是對於孔學的反動

（附言）這四件事中第一第三第四都是孔學的要點獨第二件說孔子主張厚葬未免寃枉了論語記『顏淵死門人欲厚葬之孔子不可門人厚葬之子曰回也視予猶父也予不得視猶子也』呂氏春秋安死篇記『季孫有喪孔子往弔主人以璠璵收孔子經庭而趨歷級而上曰以寶玉收譬之猶暴骸中原也』此皆孔子反對厚葬之證但孔子凡事中庸雖反對厚葬亦不如墨子之極端薄葬耳至於三年喪制確是孔子所主張墨子之節葬論其主要之點在反對久喪所以「節葬」也算得孔學反動

第八　當時因社會惡濁厭世思想狠發達論語所記晨門荷蕢楚狂接輿丈人長沮桀溺一流人都是看不過社會現狀氣憤起來打獨善其身的主意還有原壞楊朱這一派看得更破索性自己放恣了墨子以爲厭世乃志行薄弱的人的行徑世界本由人造成的固然不可厭也不該厭所以反抗這種潮流『摩頂放踵利天下爲之』至於楊朱一派墨子更覺他可鄙了所以反抗他『要以自苦爲極』（莊子天下篇）

三　墨子書

墨子這部書漢書藝文志說是七十一篇隋書經籍志以下各家記錄都說是十五卷今本卷數同隋志篇數卻只有五十三已亡了十八篇（內八篇尚有目錄十篇並錄亦亡）而內中尚有三篇決非墨家言只算存得五十篇了

墨子在先秦諸子中最爲難讀第一件因爲這部書經孟子排斥過後二千餘來的儒者無人過問所以沒有注

釋。沒有校勘脫簡譌文觸目皆是。近來經畢沅王念孫孫詒讓等校注之後。比前易讀多了。然不可解的地方仍不少。第二件原書本來是質而不華。有許多當時的白話。今日極難索解。然則他爲甚麼用這種文體呢。有位墨者田鳩（漢書藝文志有田俅子三篇即此人所著）曾說明這個理由。

『楚王謂田鳩曰。墨子者顯學也。……其言多而不辯。何也。曰。昔秦伯嫁女於晉公子。……從文衣之媵七十人。至晉。晉人愛其妾而賤公女。此可謂善嫁妾而未可謂善嫁女也。……墨子若辯其辭。則恐人懷其文而忘其用。直以文害用也。』（韓非子外儲說左上篇）

觀此可知墨子文辭樸僿。是有意爲之。內中還有許多枝蔓拖沓的地方。非留心細讀。不能得其眞意。但全書出於墨子自著者很少。不可不知。

現存五十三篇。胡適把他分爲五組。分得甚好。但我的意見和胡氏微有異同。今采用他的分類別爲解釋。

第一類（卷一）
- 甲　親士　修身　所染……這三篇非墨家言。純出僞託。可不讀。
- 乙　法儀　七患　辭過　三辯……這四篇是墨家記墨學概要。很能提綱絜領。當先讀。

第二類
- （卷二）尙賢上中下
- （卷三）尙同上中下
- （卷四）兼愛上中下
- （卷五）非攻上中下
- （卷六）節用上中　節葬下
- （卷七）天志上中下

……這十個題目二十三篇。是墨學的大綱目。墨子書的中堅。篇中皆有「子墨子曰」字樣。可以證明是門弟子所記。非墨子自著。每題各有三篇。文義大同小異。蓋墨家分爲三派。各記所聞。

- 墨子
  - 卷八
    - 明鬼下
    - 非樂上
  - 卷九
    - 非命上中下
    - 非儒下……這篇無「子墨子曰」字樣，不是記墨子之言。
  - 第三類
    - （卷十）
      - 經上下
      - 經說上下
    - （卷十一）
      - 大取
      - 小取
    - ……這六篇魯勝叫他做墨辯。大半是講論理學。經上下當是墨子自著。經說上下當是述墨子口說。但有後學增補。大取小取是後學所著。
  - 第四類
    - （卷十一）
      - 耕柱
    - （卷十二）
      - 貴義
      - 公孟
    - （卷十三）
      - 魯問
      - 公輸
    - ……這五篇是記墨子言論行事。體裁頗近論語。
  - 第五類
    - （卷十四）
      - 備城門
      - 備高臨
      - 備梯
      - 備水
      - 備突
      - 備穴
      - 備蛾傅
    - （卷十五）
      - 迎敵祠
      - 旗幟
      - 號令
      - 雜守
    - ……這十一篇是專言守禦的兵法。可緩讀。

欲治墨子。應據之校注本及應閱之參考書如下。

畢沅墨子注（經訓堂本。浙江局刻本）

孫詒讓墨子間詁（月刻本）

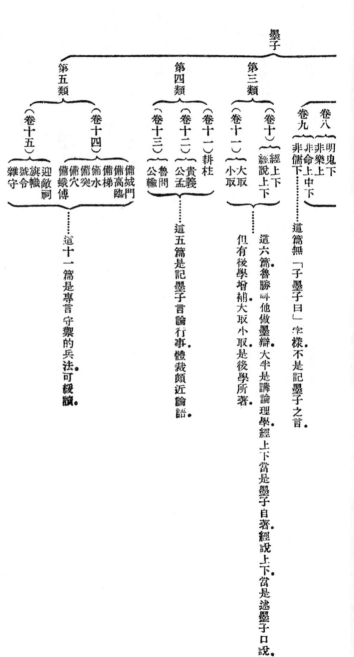

王念孫讀墨子雜志（讀書雜志內）
張惠言墨子經說解（神州國光社本）
梁啓超墨學微（商務印書館飲冰室叢著本）
梁啓超墨經校釋（新印本）
胡適中國哲學史大綱（北京大學叢書本）

第二章　墨學之根本觀念——兼愛

墨學所標綱領．雖有十條．其實只從一個根本觀念出來．就是兼愛．孟子說．『墨子兼愛．摩頂放踵利天下爲之．』這兩句話實可以包括全部墨子．「非攻」是從兼愛衍出來．最易明白．不用多說了．「節用」「節葬」「非樂」也出於兼愛．因爲墨子所謂愛是以實利爲標準．他以爲有一部分人奢侈快樂．便損了別部分人的利了．所以反對他．「天志」「明鬼」是借宗敎的迷信來推行兼愛主義．「非命」因爲人人信有命便不肯做事不肯愛人了．所以反對他．

墨子講兼愛．常用『兼相愛交相利』六字連講．必合起來．他的意思纔明．兼相愛是理論．交相利是實行這理論的方法．兼相愛是託爾斯泰的利他主義．交相利是科爾璞特金的互助主義．試先述墨子兼愛的理論．

『聖人以治天下爲事者也．不可不察亂之所自起．當（通嘗）察亂何自起．起不相愛．……子自愛不愛父．故虧父而自利．弟自愛不愛兄．故虧兄而自利．……臣自愛不愛君．故虧君而自利．……雖父之不慈子．兄之不慈弟．

君之不慈臣。……皆起不相愛。……盜愛其室不愛其異室。故竊異室以利其室。賊愛其身不愛人。故賊人以利其身。……大夫各愛其家不愛異家。故亂異家以利其家。諸侯各愛其國不愛異國。故攻異國以利其國。……』兼愛上

此言人類種種罪惡。都起於自私自利。但把自私自利的心去掉。則一切罪惡自然消滅。然則怎麼方法去掉這自利心呢。墨子說

『凡天下禍篡怨恨。……以不相愛生也。是以仁者非之。既以非之。何以易之。……以兼相愛交相利之法易之。』兼愛中

『非人者必有以易之。若非人而無以易之。……其說將必無可焉。是故子墨子曰「兼以易別」……吾本原兼之所生。天下之大利者也。吾本原別之所生。天下之大害者也。……以兼爲正。是以聰耳明目相與視聽乎。是以股肱畢强相爲動宰乎。而有道肆相敎誨。是以老而無妻子者。有所持養以終其壽。幼弱孤童之無父母者。有所放依以長其身。……』兼愛下

墨子最要緊一句話是『兼以易別。』他替當時的君主起一個綽號。叫做「別君」。替當時士大夫起一個綽號。叫做「別士」。他們的「墨者」。自己就號做「兼士」。兼和別的不同在那裏呢。老實說一句。承認私有權的叫做「別」。不承認私有權的叫做「兼」。向來普通的敎義。都是以自己爲中心。一層一層的推出去。所以說『天下之本在國。國之本在家。家之本在身。』孔子講的社會倫理。都以此爲立脚點。所以最要緊是一個「恕」字。專以己度人。自己愛自己。便連自己同類的人也要愛他。愛自己的家也愛別人的家。愛自己的國也愛

別人的國。孔子講的汎愛就是從這種論式演繹出來。但孔子和墨子有根本不同之處。孔子是有「己身」「己家」「己國」的觀念。既已有個「己」自然有個「他」相對待。「己」與「他」之間。總不能不生出差別。所以有『親親之殺尊賢之等』在舊社會組織之下。自然不能不如此。墨子卻以為這種差別觀念。就是社會罪惡的總根原。一切乖忤詐欺盜竊篡奪戰爭。都由此起。（兼愛中篇云『是故諸侯不相愛則必野戰家主不相愛則必相篡人與人不相愛則必相賊君臣不相愛則不惠忠父子不相愛則不慈孝兄弟不相愛則不和調天下之人皆不相愛強必執弱富必侮貧貴必敖賤詐必欺愚凡天下禍篡怨恨其所以起者以不相愛生也』）因為既有個己身以示「別」於他身。到了彼我利害衝突時候。那就損害他身以利己身也顧不得了。既有個己家己國以示「別」於他家他國。到了彼我利害衝突時候。那就損害他家他國以利己家己國也顧不得了。在這種組織之下講汎愛。墨子以為是極矛盾。極不徹底。他說

『愛人。待周愛人然後為愛人。不愛人。不待周不愛人。不周愛。因為不愛人矣。』（小取）

他的意思以為不必等到甚麼人都不愛。纔算不愛人。只要愛得不周徧。（有愛有不愛）便算不愛人了。差別主義。結果一定落到有愛有不愛。墨子以為這就是「兼相愛」的反面成了個「別相惡」了。所以說『本原別之所生。天下之大害。』然則兼相愛的社會便怎麼樣呢。墨子說。

『視人之室若其室。誰竊。視人之身若其身。誰賊。視人家若其家。誰亂。視人國若其國。誰攻。』（兼愛上）

簡單說。把一切含著「私有」性質的團體都破除了。成為一個「共有共享」的團體。就是墨子的兼愛社會。這種理論。固然是好。但往古來今許多人都疑他斷斷不能實現。當時就有人詰難墨子說道。『即善矣。雖然豈可用哉。』墨子答道。『用而不可。雖我亦將非之。焉有善而不可用者。』（兼愛下）墨子是一位實行家。從不肯說一

句偏於理想的話。他論事物的善惡。事拿有用無用做標準。他以為「善」的範圍和有用的範圍。一定適相脗合。若不能適用的事。一定算不得「善」。他的根本觀念既已如此。所以他自然是確信兼愛社會可以實現。纔肯如此主張。墨子何以證明他必能實現呢。墨子以為從人類的利己心也可以得著反證。他說

『吾不識孝子之為親度者。亦欲人愛利其親與。意欲人之惡賊其親與。以說觀之。即（同則）欲人之愛利其親也。然即（同則）吾惡（同何）先從事即（同乃）得此。若我先從事乎愛利人之親。然後人報我以愛利吾親乎。意我先從事乎惡賊人之親。然後人報我以愛利吾親乎。即（同則）必吾先從事乎愛利人之親。然後人報我以愛利吾親也。……大雅之所道曰。『無言而不讎。無德而不報。投我以桃。報之以李。』此言愛人者必見愛也。而惡人者必見惡也。』（兼愛下）

墨子還引許多古代聖王兼愛的例證。如成湯為民求雨以身為犧牲之類。說明兼愛並不是不能實行。古代社會是否有這種理想的組織。我們雖不敢輕下判斷。但現在俄國勞農政府治下的人民。的確是實行墨子「兼以易別」的理想之一部分。他們是否出於道德的動機。姑且不論。已足證明墨子的學說。並非「善而不可用」了。

墨子的兼愛的主義。和孔子的大同主義。理論方法。完全相同。但孔子的大同。並不希望立刻實行。以為須漸漸進化。到了「太平世」纔能辦到。在進化過渡期內。還拿「小康」來做個階段。墨子卻簡單明瞭。除了實行兼愛。不容有別的主張。孔墨異同之點在此。

非攻主義。是由兼愛主義直接衍出。既已主張兼愛。則「攻」之當「非」。自然不成問題。為甚麼還要特標出

來做一種主義呢。因爲當時軍國主義。已日見發達。多數人以爲國際上道德和個人道德不同。覺得爲國家利益起見。無論出甚麼惡辣手段都可以。墨子根本反對此說。他說。

『今有一人。入人園圃。竊其桃李。衆聞則非之。上爲政者得則罰之。此何也。以虧人自利也。至攘人犬豕雞豚。其不義又甚入人園圃竊桃李。是何故也。以虧人愈多。其不仁茲甚。罪益厚。至入人欄廏取人馬牛者。其不仁義又甚攘人犬豕鷄豚。此何故也。以其虧人愈多。苟虧人愈多。其不仁茲甚。罪益厚。至殺不辜人也。扡其衣裘。取戈劍者。其不義又甚入人欄廏取人馬牛。此何故也。以其虧人愈多。苟虧人愈多。其不仁茲甚矣。罪益厚。當此天下之君皆知而非之。謂之不義。今至大爲攻國。則弗知非。從而譽之。謂之義。此可謂知義與不義之別乎。殺一人謂之不義。必有一死罪矣。若以此說往。殺十人。十重不義。必有十死罪矣。殺百人。百重不義。必有百死罪矣。當此天下之君子皆知而非之。謂之不義。今至大爲不義攻國。則弗知非。從而譽之。謂之義。情不知其不義也。故書其言以遺後世。若知其不義也。夫奚說書其不義以遺後世哉。今有人於此。少見黑曰黑。多見黑曰白。則以此人不知白黑之辯矣。少嘗苦曰苦。多嘗苦曰甘。則必以此人爲不知甘苦之辯矣。今小爲非。則知而非之。大爲非攻國。則不知非。從而譽之。謂之義。此可謂知義與不義之辯乎。是以知天下之君子也。辯義與不義之亂也。』非攻上

墨子這段話。用極嚴密的論法。辯斥那些「褊狹的愛國論。」可謂痛快淋漓。不獨是發明「非攻」眞理。而且教人將所得的觀念來實地應用。讀此並可以知道墨子做學問的方法了。

反對戰爭的議論。春秋末年已經萌芽。宋向戌倡晉楚弭兵。就是一種趨時之論，但這是政治家的策略。彼此並

無誠意。正與前俄皇亞力山大提倡海牙平和會相同。在思想界可謂毫無勢力。孟子的「春秋無義戰」算是有力的學說。可惜措詞太隱約了。認眞標立宗旨大聲疾呼。墨子算是頭一個。後來尹文宋鈃都是受墨子學說的影響繼續鼓吹。但墨子還有格外切實可行的地方和普通之「寢兵說」不同。墨子所「非」的是「攻」不是「戰」。質言之侵略主義極端反對。自衞主義卻認爲必要。墨子門下人人都研究兵法。本書備城門以下十一篇所講都是墨子聽見有某國要攻人的國。就跑去勸止他。若勸他不聽。他便帶起一羣門生去替那被攻的國辦防守。有這一著。然後非攻主義纔能貫徹。墨子所以異於空談弭兵者在此。（例證詳下文）

第三章　墨子之實利主義及其經濟學說

自孟子說。『何必曰利。亦有仁義而已矣。』後世儒者因此以言利爲大戒。董仲舒更說。『正其誼不謀其利。明其道不計其功。』於是一切行爲專問動機。不問結果。弄得道德標準和生活實際距離日遠。眞是儒家學說莫大的流弊。其實孔子也並不如此。一部易經。個個卦都講「利」。孔子說『利者義之和。』說『以美利利天下。』說『樂其樂而利其利。』何嘗說利是不好。不過不專拿「利」來做道德標準罷了。

墨子不然。道德和實利不能相離。利不利就是善不善的標準。書中總是愛利兩字並舉。如『兼相愛交相利。』（兼愛中下）『愛利萬民。』（尚賢中）『兼而愛之從而利之。』（同上）『衆利之所生何自生。從愛人利人生。』（兼愛下）『愛人者人亦從而愛之。利人者人亦從而利之。』（兼愛中）『天必欲人之相愛相利。』（法儀）『若見愛利國者必以告。亦猶愛利國者也。』（尚同下）諸如此類。不可枚舉。以常識論。愛的目的在人。利的目的在己。兩件事像很不相容。然而墨子卻把他打成一丸。第一件可以見他所謂「利」一定不是褊狹的利己主義。第二件可以見他所謂「愛」必以有利爲前提。他說『忠信相連又示之以利是以終身不厭』(節用中)簡單說從經濟新組織上建設兼愛的社會。這是墨學特色。

經濟學的原字Economy本來的訓詁。就是「節用」。所以墨子的實利主義。拿「節用」做骨子。「節葬」不過「節用」之一端。「非樂」也從「節用」演繹出來。今綜合這幾篇來研究「墨子經濟學」的理論。

研究墨子的經濟學須先從消費方面起點。墨子講消費定出第一個公例是。

『以自苦爲極。』(莊子天下篇)『凡足以奉給民用則止。』(節用中)

墨子以爲人類之欲望。當以維持生命所必需之最低限度爲標準。飲食是『黍稷不二。羹胾不重。飯於土塯。啜於土鉶。』(節用中)衣服是『冬以圉寒。夏以圉暑。』(節用上)宮室是『高足以辟(同避)潤濕。邊足以圉風寒。上足以待霜雪雨露。牆高足以別男女。』(辭過)只要這樣就彀了。若超過這限度。就叫做奢侈。墨子以爲凡奢侈的人便是侵害別人的生存權。所以加他個罪名說是

『暴奪人衣食之財。』(節用中)

近代馬克思一派說資本家的享用都是從掠奪而來。這種立論根據。和二千年前的墨子正同。

講到生產方面墨子立出第二個公例是

『諸加費不加利於民者弗爲。』(節用中)『凡費財勞力不加利者不爲也。』(辭過)

墨子以爲生產一種物事。是要費資本費勞力的。那麽就要同費去的資本勞力能彀增加多少效用。所費去的

和所增得的比較能否相抵而有餘試拿衣服來做個例墨子說『衣服適身體和肌膚而足矣……錦繡文采靡曼之衣……此非云益煖之情也單（同殫盡也）勞力『畢歸之於無用也……』（辭過）他的意思以爲穿衣服的目的不過取其能煖穿綢比穿布並不加煖所以製綢事業就是『加費不加利於民』

墨子非樂的主張就是從這個公例衍生出來他說

『若聖王之爲舟車也即我弗敢非也古者聖王亦嘗厚斂乎萬民以爲舟車既以（同已）成矣曰吾將惡許用之（惡許猶言何許言用之何處也）曰舟用之水車用之陸君子息其足焉小人休其肩背焉故萬民出財齎而予之不敢以爲感恨者何也以其反中民之利也然則「樂」反中民之利亦若此即我弗敢非也』（非樂上）

這是說音樂是「加費不加利於民」的事所以要反對他墨子以爲總要嚴守這個公例將生產力用到有用的地方纔合生產眞意義所以他說『把那些闊人所嗜好的「珠玉鳥獸犬馬」去掉了挪來添補「衣裳宮室甲盾舟車之數」立刻可以增加幾倍』（節用上）

墨子更把這種觀念擴充出去以中用不中用爲應做不應做的標準凡評論一種事業一種學問都先問一句『有甚麼用處』如

『問於儒者曰「何故爲樂」曰「樂以爲樂也」子墨子曰「子未我應也」今我問曰「何故爲室」曰「冬避寒焉夏避暑焉室以爲男女之別也」則子告我爲室之故矣今我問曰「何故爲樂」曰「樂以爲樂也」是猶曰「何故爲室」曰「室以爲室也」』（魯問）

這是墨學道德標準的根本義若回答不出個「甚麼用處來」那麼千千萬萬人說是好的事墨子也要排斥的

墨子這種經濟思想自然是以勞力爲本位所以「勞作神聖」爲墨子唯一的信條他於是創出第三個公例是

『賴其力則生不賴其力則不生』（非樂上）

墨子說人和禽獸不同禽獸是『因其羽毛以爲衣裘因其蹄蚤以爲絝屨因其水草以爲飲食』所以不必勞作而『衣食之材已具』人類不然一定要『竭股肱之力亶（殫也殫盡也）其思慮之智』纔能維持自己的生命所以各人都要有『分事』甚麼叫做分事呢就是各人自己分內的職業（以上節譯非樂上篇原文）墨子於是感覺有分勞的必要又創出第四個公例說道

『各從事其所能』（節用中）（各因其力所能至而從事焉（公孟））

墨子設一個譬喩說道『譬若築牆然能築者築能實壤者實壤能欣者欣（同掀）然後牆可成也』（耕柱）有些人『竭股肱之力』有些人『亶其思慮之智』無論是筋力勞作或是腦力勞作只要盡本分去做都是可敬重的只有那些『貪於飲食惰於從事』的人墨子便加他一個惡名叫做「罷（同疲）而不肖」了（非命上）在這種勞力本位的經濟學說底下自然是把時間看得很貴重墨子於是又創出第五個公例說道

『以時生財財不足則反之時』（七患）

「光陰即金錢」Time is money這句格言墨子是看得最認眞的他所以反對音樂就因爲這個原故他說『那些「王公大人」們日日聽音樂還能「蚤朝晏退聽獄治政」嗎農人日日聽音樂還能「蚤出暮入耕稼樹藝多聚菽粟」嗎婦人日日聽音樂「還能夙興夜寐紡績織紝」嗎所以斷定音樂是『廢國家之從事』（非樂上）他反對久喪也是因爲這個原故他說「儒敎的喪禮君父母妻長子死了都服喪三年伯叔兄弟庶子死

了。都服喪一年。其餘族人親戚。五月三月不等。這樣。人生在世幾十年。服喪的日子倒占了大半。還有什麼時候去做工呢。而且服喪的時候做成許多假面孔。「相率强不食以爲飢。薄衣而爲寒。」「扶而能起。杖而能行。」鬧到「面目陷陬。顏色黧黑。耳目不聰明。手足不勁强。」這不是於衞生大有妨礙嗎。這不是減削全社會的勞力嗎。所以斷定「久喪爲久禁從事」（節葬下）

墨子又極注意人口問題。他有第六個公例是

『欲民之衆而惡其寡。』（辭過）

墨子的人口論。和瑪爾梭士的人口論。正相反。瑪爾梭士愁的是人多。墨子愁的是人少。人少。確是當時的通患。所以梁惠王因『寡人之民不加多。』就對著孟子發牢騷。（孟子梁惠王篇）商鞅弄許多把戲。『徠三晉之民。』（商君書墾令篇）墨子對於這問題。第一是主張早婚。他的制度。『是丈夫年二十。毋敢不處家。女子年十五。毋敢不事人。』（節用上）第二是反對蓄妾。他說。『內無拘女。外無寡夫。則天下之民衆。故蓄私不可不節。』（辭過）這些主張。都是以增加人口爲增加勞力的手段。所以看得很鄭重。反對久喪。也是爲這個原故。因爲儒家喪禮。禁男女同棲。服喪時候很多。於人口繁殖自有妨礙。墨子說。『此其爲敗男女之交多矣。以此求衆。譬猶使人負劍而求壽也。』（節葬下）反對戰爭。也是爲這個原故。他說。『戰爭除病死戰死不計外。而且攻伐鄰國。久者終年。速者數月。男女久不相見。此所以寡人之道也。』（節用上）這都是注重人口問題的議論。雖然見解有些幼稚。但在當日也算救時良藥了。

最後講到分配方面。墨子定出第七個公例是

『有餘力以相勞。有餘財以相分。』（尚同上）

自己的勞力和光陰．做完了自己分內事業．還有餘賸．拿去幫別人做．這就是「餘力相勞．」自己的資財．維持自己一身和家族的生活．還有餘賸．拿去分給別人．這就是「餘財相分．」這兩句話墨子書中講得最多．（天志篇辭過篇兼愛篇皆有）其實只是「交相利」三個字的解釋．節葬篇說『疾從事焉．人為其所能以交相利』意義更為明瞭．餘力相勞．就是孔子講的『力惡其不出於身也．不必為己．』餘財相分．就是孔子講的『貨惡其棄於地也．不必藏諸己．』（禮記禮運篇）兩聖人的經濟學說．同歸宿到這一點．質而言之．都是夢想一種完全互助的社會．

我想現在俄國勞農政府治下的經濟組織．很有幾分實行墨子的理想．內中最可注意的兩件事．第一件．他們的衣食住．都由政府干涉．任憑你很多錢．要奢侈也奢侈不來．墨子的節用主義．真做到徹底了．第二件．強迫勞作．絲毫不肯放鬆．很合墨子「財不足則反諸時」的道理．雖然不必「日夜不休以自苦為極」．但比諸從前工黨專想減少工作時刻．卻是強多了．墨子說『安有善而不可用者．』看勞農政府居然能彀實現．益可信墨子不是個幻想家了．

墨家非攻．儒家亦非攻．儒家非攻．專是義不義問題．墨家非攻．義不義問題之外．還有個利不利問題．非攻上是說攻的不義．非攻下是說攻的不利．墨家的宋牼想說秦楚罷兵．儒家的孟子問他『說之將何如．』宋牼說『我將言其不利也．』孟子說『先生之志則大矣．先生之號則不可．』這就是儒墨不同之點．墨子說非攻的不利．有個很妙的譬喻．

『大國之攻小國．譬猶童子之為馬．童子之為馬．足用而勞．今大國之攻小國．攻者．（卻被攻者）農夫不得耕．婦人不得織．以守為事．攻人者．亦農夫不得耕．婦人不得織．以攻為事．』（耕柱）

這段話。簡單說。就是「彼此不上算。」墨子無論說甚麼事理。都要從「上算不上算」上頭比較一番。和董子明其道不計其功的學說恰好是個反面

墨子把「利」字的道理。眞是發揮盡致。孔子說。『利者義之和』已經精到極了。墨子經上篇直說。『義利也。』是說利卽是義。除了利別無義因此他更替這個「利」字下了兩條重要的界說。

界說一凡事利餘於害者謂之利。害餘於利者謂之不利。他說

『斷指以存𢪛。利之中取大。害之中取小也。害之中取小者。非取害也。取利也。』（大取）

有時明明看著是有害的事情。還要做他。（如斷指）表面看來。豈不是和實利主義相悖嗎。其實不然。因爲是利餘於害纔取他。取他畢竟是取利不是取害。反之。害餘於利的事情。萬不要取。墨子解釋攻國之害餘於利。說

『然而何爲爲之。曰我貪伐勝之名及得之利。故爲之。子墨子曰。計其所自勝。無所可用也。計其所得。反不如其所喪。』（非攻中）

這是表面看著像有利。其實害比利大。所以不要取。這是計較利害到極精處。

界說二凡事利於最大多數者謂之利。利於少數者謂之不利。墨子說

『飾攻戰者言曰。南則荆吳之王。北則齊晉之君。始封於天下之時。其土之方。未至有數百里也。人徒之衆。未至有數十萬人也。以攻戰之故。土地之博。至有數千里也。人徒之衆。至有數百萬人。故當攻戰而不可爲也。子墨子曰。雖四五國則得利焉。猶謂之非行道也。譬若醫之藥人有病者然。今有醫於此。和合其祝藥之於天下之有病者而藥之。萬人食之。若醫四五人得利焉。猶謂之非行藥也。』（非攻中）

少數人格外占便宜得利益。從這少數人方面看。誠然是有利了。卻是大多數人受了他的害。從墨子愛利天下的眼光看來。這決然是害並不是利。反之若是少數人喫虧。多數人得好處。墨子說他是利。所以他說。

『殺己以存天下。是殺己以利天下。』（大取）

「殺己」豈不是大不利的嗎。因爲殺了一個「己」能存得了天下。所以打起算盤來。依然有利。英人邊沁主張樂利主義。拿「最大多數之最大幸福」做道德標準。墨子的實利主義也是如此。

然則墨子這種學說。到底圓滿不圓滿呢。我曾說過。墨子是個小基督。從別方面說。墨子又是個大馬克思。馬克思的共產主義。是在「唯物觀」的基礎上建設出來。墨子的「唯物觀」比馬克思還要極端。他講的有用無用有利無利。專拿眼前現實生活做標準。拿人類生存必要之最低限度做標準。所以常常生出流弊。卽如他所主張『男子二十處家女子十五事人。』依我們看來。就不如孔子所主張『男子三十而娶女子二十而嫁。』墨子只知道早婚可以增加人口增加勞力。卻不知道早婚所產的兒女。體力智力都薄弱。勞力的能率卻減少了。墨子學說最大的缺點。莫如「非樂」。他總覺得娛樂是廢時失事。卻不曉得娛樂和休息。可以增加「物作的能率」。若使墨子辦工廠。那「八點鐘制度」他定然反對的。若使墨子辦學堂。一定每天上課十二點鐘。連新年也不放假。但這種辦法對不對。眞可以不煩言而決了。儒家有一位程繁。駁他的非樂論說道。

『昔者諸侯倦於聽治。息於鐘鼓之樂。……農夫春耕夏芸秋收冬藏。息於瓴缶之樂。今夫子曰「聖王不爲樂。」此譬之猶馬駕而不稅。弓張而不弛。無乃非有血氣者所能至耶。』（三辯）

墨子對於這段話的反駁。就很支離。不能自圓其說。這總算墨學的致命傷了。莊子批評墨子說。

『其道太觳，使人憂，使人悲，其行難為也，恐其不可以為聖人之道，反天下之心，天下不堪，墨子雖能獨任，奈天下何。』天下篇

莊子是極崇拜墨子的人，這段批評，就很替墨子可惜。墨子的實利主義，原是極好，可惜範圍太窄了，只看見積極的實利，不看見消極的實利，所以弄到只有義務生活，沒有趣味生活，墨學失敗最重要的原因，就在此。

第四章　墨子之宗教思想

「天志」「明鬼」「非命」三義，組成墨子的宗教，墨子學說，件件都是和時代潮流反抗，宗教思想亦其一也。說天說鬼，原是古代祝史的遺教，春秋戰國時，民智漸開，老子孔子，出大闡明自然法，這類迷信，已經滅去大半了，像墨子這樣極端主張實際主義的人，倒反從這方面建設他學術的基礎，不能不算奇怪，試把他所說的子細研究一番。

墨子的「天」，和老孔的「天」完全不同，墨子的「天」，純然是一個「人格神」，有意欲，有感覺，有情操，有行為，所以他的篇名，叫做天志，墨子說：

『我有天志，譬若輪人之有規，匠人之有矩，……以度天下之方圜，曰：中者是也，不中者非也。』天志上

『子墨子之有天之意也，上將以度王公大人之為刑政也，下將以量天下之萬民為文學出言談也。觀其行，順天之意，謂之善意行，反天下之意，謂之不善意行。』天志中

這是說，當以天的意志為衡量一切事物之標準，然則天的意志到底怎麼樣呢？墨子說：

『天欲人之相愛相利，不欲人之相惡相賊。』（法儀）

何以見得呢？墨子說『以其兼而愛之兼而利之。』又何以見得天是「兼愛兼利」呢？墨子說『以其兼而有之兼而食之。』墨子欲證明天之「兼有兼食」因設為譬喻說道

『天之有天下也，無以異乎國君之有四境之內也。今國君夫豈欲其臣民之相為不利哉。』（天志上）

『楚之王食於楚四境之內，故愛楚之人。越王食於越，故愛越之人。今天兼天下而食焉，我以此知其兼愛天下之人也。』（天志下）

墨子既斷定天志是兼愛，於是天的賞罰，有了標準了。他說

『順天意者，兼相愛交相利，必得賞。反天意者，別相愛交相賊，必得罰。』（天志上）

『然有不為天之所欲而為天之所不欲，則夫天亦且不為人之所欲而為人之所不欲矣。人之所不欲者何也。曰疾病禍祟是也。』（天志中）

讀此可知墨子講天志，純是用來做兼愛主義的後援。質言之，是勸人實行兼愛的一種手段罷了。然則這種手段有多大效果呢？據我看很是微薄。第一層，墨子證明天志一定是兼愛，他的論據就是「天兼有兼食」，何以能證明天是「兼有兼食」呢？畢竟拿不出證據來。他說「天兼愛」，和老子說「天地不仁」，正是兩極端的話。到底誰是誰非，誰也找不出最高法庭來下這判語。第二層「疾病禍祟」是否由天作主，若如近世科學昌明後，找出非由天作主的證據，墨子立論的基礎便完全破壞。第三層墨子不講良心上的道德責任，專靠禍福來勸懲，立論是否圓滿。墨子說「踐履道德得福，否則得禍」，假如有人說「我不願得福而願得禍」（人激於意氣時

便往往如此．墨子將奈之何．何況禍福報應還是縹緲無憑呢．第四層墨子的天志和基督教很相像．但有一點大不同處．基督教說靈魂說他界．墨子一概不說．靈魂他界沒有對證．禍福之說勉強還可以維繫．專言現世的禍福．越發不能自完．墨子提倡苦行．和基督教及印度各派之教相同．但他們都說有靈魂．所以在極苦之中．卻別有個安慰快樂的所在．墨子若是專講道德責任．不拿利害計較來歆動人．也還罷了．他卻又不然．專說的是利害問題．利害和苦樂有密切關係．此本易明之理．他的非樂主義．已經要人把肉體的快樂犧牲淨盡．問有甚麼別的快樂來替代呢．卻沒有頂多說我「所行合義．心安理得」．算是一種安慰．如此豈不是歸到極端的「良心責任說」嗎．他卻又不以爲然．墨子本是一位精於論理學的人．講到「天志」．卻罅漏百出．所論證多半陷於「循環論理」．我想都是因「天志論」自身本難成立．墨子要勉强把來應用．未必不是他失敗的一原因哩．「天志」之外．還加上「明鬼」．越發贅疣了．墨子的明鬼論．不外借來幫助社會道德的制裁力．他說．

『吏治官府之不絜廉．男女之爲無別者．有鬼神見之．民之爲淫暴寇亂盜賊……奪人車馬衣裘以自利者．有鬼神見之．』明鬼下

墨子明鬼的宗旨．握要處就在此．所以他引證許多鬼的故事．講的都是報讎作祟．叫人害怕．至於鬼神有無的問題．他並不在學理上求答案．乃在極粗淺的經驗論求答案．實在沒有甚麼價值．

墨子這種宗教思想．純是太古的遺物．想是從史角傳來．在他這種乾燥生活裏頭．若並此而無之．自然更不能維繫人心．但這種思想．對於他的學說的後援力．其實也很薄弱．徒然獎勵「非理智的迷信」．我們不能不爲墨子可惜了．

墨子的宗教思想有一個附屬主義曰「非命」這個主義直擣儒道兩家的中堅於社會最爲有益「命」是儒家根本主義之一儒說之可議處莫過此點我國幾千年的社會實在被這種「命定主義」阻卻無限的進化墨子大聲疾呼排斥他眞是思想界一線曙光主張有命說的列子力命篇最爲明瞭今先引來參證

『力謂命曰若之功奚若我哉命曰汝奚功於物而欲比朕力曰壽夭窮達貴賤貧富我力之所能也命曰彭祖之智不出堯舜之上而壽八百顏淵之才不出衆人之下而壽四八仲尼之德不出諸侯之下而困於陳蔡殷紂之行不出三仁之上而居君位季札無爵於吳田恆專有齊國夷齊餓於首陽季氏富於展禽若是汝力之所能奈何壽彼而夭此窮聖而達逆賤賢而貴愚貧善而富惡耶力曰若如是言我固無功於物而物若此耶此則若之所制耶命曰既謂之命奈何有制之者耶朕直而推之曲而任之自壽自夭自窮自達自貴自賤自富自貧朕豈能識之哉』

「力」與「命」確是兩件對待的東西有命說和力行說確不能相容像列子這種主張人人都是生下地來已經命定還要做甚麼事呢所以墨子痛駁他說道

『今也王公大人之所以早朝晏退聽獄治政終朝均分而不敢怠倦者何也曰彼以爲强（强猶勤也）必治不强必亂强必寧不强必危故不敢怠倦今也卿大夫之所以竭股肱之力殫其思慮之知內治官府外斂關市山林澤梁之利以實官府而不敢怠者何也曰彼以爲强必貴不强必賤强必榮不强必辱故不敢怠倦今也農夫之所以蚤出暮入强乎耕稼樹藝多聚升粟而不敢怠倦何也曰彼以爲强必富不强必貧强必飽不强必饑故不敢怠倦今也婦人之所以夙興夜寐强乎紡績織紝多治麻絲葛緒捆布縿而不敢怠倦者何也曰彼以

爲强必富。不强必貧。强必煖。不强必寒。故不敢怠倦。今雖毋在乎王公大人。若信有命而致行之。則必怠乎聽獄治政矣。卿大夫必怠乎治官府矣。農夫必怠乎耕稼樹藝矣。婦人必怠乎紡績織紝矣。王公大人怠乎聽獄治政。卿大夫怠乎治官府。則我以爲天下必亂矣。農夫怠乎耕稼樹藝。婦人怠乎紡績織紝。則我以爲天下衣食之財。將必不足矣。』非命下

墨子所以反對定命說的原因在此。要而論之。定命說若成立。人類便沒有了自由意志。那麼。連道德標準都沒有了。人類便沒有了自動力。那麼。連甚麼創造都沒有了。那麼人類社會便是死的。不是活的。便是退化的。不是進化的。所以墨子非命。是把死社會救活轉來的學說。我舊著墨學微裏頭。有一段話引申墨義。附錄以供參考。

命之果有果無之一問題。墨子答案。壁壘未堅。今請演其言外之旨。物競天擇一語。今世稍有新智識者類能言之矣。曰優勝劣敗。曰適者生存。此其事似屬於自然。謂爲命之範圍可也。雖然。若何而自勉爲優者適者。以求免於劣敗淘汰之數。此則純在力之範圍。於命絲毫無與者也。夫沙漠地之動物。其始非必皆黃色也。而黃者存。不黃者滅。冰地之動物。其始非必皆白色也。而白者存。不白者滅。自餘若烏賊之吐墨。虎之爲斑紋。樹蟲之作枝葉形。諸同此例者。不可枚舉。其一存一滅之間。似有命焉。及其究竟。則何以彼能黃而我獨不黃。彼能白而我獨不白。彼能吐墨爲斑紋爲枝葉形。而獨我不能。是亦力有未至也。推言之。則一人在本團體中或適或不適。一團體在世界中或適或不適。皆若此而已。故明夫天演公例者。必不肯棄自力於不用而惟命之從也。難者曰。生物學家之言物競也。謂物類死亡之數。必遠過於所存。且如一草之種子。散播於地者以萬數。使皆悉存。則不轉瞬而將爲萬草。乃其結局。不得一二焉。何也。則其落地之時刻有先後。所落之地段有熯溼腴瘠。若是者不謂之命得乎。應之曰。斯固然矣。雖然。使兩種子同在一時同落一地。其一榮一悴之間。必非力無以自達矣。然猶未足以服難者之說。吾以爲力與命對待者也。凡有可以用力之處。必不容命之存立。命也者。僅偸息於力以外之閑地而已。故有命之說。可以行於自然界之物。而不可以行於靈覺界之物。今之持有命無命之爭辯者。皆人也。靈覺界最高之動物也。故此名詞決非我同類之所得用也。夫彼草種之或飄茵或墮溷也。彼其

本身當時。無自主力之可言也。故命之一語。可以驕橫恣睢以支配之。一入於靈覺界。有絲毫之自主力得以展布者。則此君遂消滅而無復隙地之可容。難者之說。不足以助其成立明矣。若夫彭壽而顏夭也。跖富而惠貧也。田恆貴而孔子賤也。持有命論者。以是爲不可磨滅之論據。其實非也。蓋一由於社會全體之力未盡其用。而偏枯遂及於個人者。一由不正之力之濫用。而社會失其常度者。且如顏子之夭也。或其少年治學。不免太劬。或爲貧困所迫。未盡養生之道。其果坐此等原因以致之否。吾輩今日。無從論斷。若果有之。則力未盡。非命之爲也。藉曰無矣。顏子之對於己身之責任。其力已無不盡矣。則其所以至此之故。必由其父母遺傳之有缺點也。否則幼時於養育之道未盡善也。否則地理上人事上有與彼不相協也。是則由社會全體之力有未盡使然也。且使醫学大明。衞生之思想與其方法大發達。則顏子斷不至有羸弱之遺傳。斷不至有失宜之養育。而地理上人事上有何種障礙。皆可以排而去之。顏子或竟躋上壽。未可知也。不觀統計學家所言乎。十七世紀歐洲人平均得壽僅十三歲。十八世紀。平均得壽二十歲。十九世紀。乃驟增至平均得壽三十六歲。然則壽夭者。必非命之所制。而爲力之所制。昭昭明甚矣。若乃貧富貴賤。則因其社會全體之力。或用之正。或用之不正。而平不平生焉。夫力也者。物競界中所最必要者也。而在矯糅造作之社會。則物競每不能循常軌而行。且競之道時或緣中絕。如彼「喀私德」制度之社會。或生而爲貴族。或生而爲平民。當吾投胎之時。誠有如草種之偶茵偶溷。及既出生後。而遂不能自拔。此世俗論者之所謂命也。雖然。曾亦思此等制度。果能以人力破除之耶。抑終不能以人力破除之耶。且使盎格魯撒遜人。至今而猶爲維廉第一以前（十六世紀前）之狀態也。則的士黎里斷不敢望爲大宰相。林肯斷不敢冀爲大總統。則亦曰命也命也而已。而何以今竟若此。故知夫力也者。最後之戰勝者也。子墨子曰。『命者暴王作之。』（非命上）至言哉。至言哉。吾以爲命說之所從起。必自專制政體矯誣物競壅塞物競始矣。就其最淺者論之。如科舉制度之一事。取彼盡人所能爲而優劣程度萬不能相懸絕之八股試帖楷法策論。而限額若干名以取之。以此爲全國選舉之專途。其勢不能不等於探籌兒戲。應舉者雖有聖智。無可以用其力之餘地也。而一升一沈之間。求其故而不得。夫安得不仰天太息曰命也命也而已。吾中國數千年來社會之制度。殆無一不類是。故使國民彷徨迷惑。有力而不能自用。然後信風水信鬼神信氣運信術數種種謬想。乃蟠踞於人人之腦際。日積日深。而不能自拔。貧富貴賤有命之說。其最初之根原。皆起於是。然此果足爲有命說之根據乎。一旦以力破此制度。則皮不存而毛焉附矣。其他如喪亂也。偏災也。癘疫也。皆咸諉諸命而無異詞者也。豈知立憲政體定。則喪亂何從生。交通學業成。則偏災何從起。衞生預防密。則癘疫何從行。故以今日文明國國民視之。則如中國所謂有命之種種證據。已迎刃而解。無復片痕隻跡可以存立。而況乎今日所謂文明者。其與完全圓滿之文明相去。尚不可以道里計也。然則世運愈進。而有命說愈狼狽失據。豈待問矣。墨子非命。眞千古之雄識哉。

其足以爲墨子學說樹一援奥者。則佛之因果說是也。佛說一切器世間有情世間。皆由衆生業力所造。其羣業力之集合點。世界也。社會也。（即器世間）而於此集合點之中。又各各自有其特別之業力。相應焉以爲差別。則個人是也。（即有情世間）故一社會今日之果。即食前此所造之因。一個人前此之因。亦即爲今日所受之果。吾人今者受茲惡果。當知其受之於么匿（即個人）之惡因者若干焉。受之於拓都（即社會）之惡因者若干焉。吾人後此欲食善果。則一面須爲么匿造善因。一面更須爲拓都造善因。此佛教之大概也。故佛教者有力而無命者也。藉曰有命。則純爲自力之所左右者也。嗚呼。佛其至矣。使墨子而聞佛說也。其大成寧可量耶。

世俗論者常以天命二字相連並用。一若命爲天所制定者。則或疑墨子旣言「天志」而又「非命」。豈不矛盾矣乎。是於墨子所謂天之性質有所未瞭也。墨子固言天也者隨人之順其欲惡與否而禍福之。是天有無限之權也。命定而不移。則是天之權殺也。故不有非命之論。則天志之論終不得成立也。嗚呼。命之一語。其斲喪我中國之人心者數千年於茲矣。安得起墨子於九原。化一一身一一身中出一一舌而爲廓清辭闢之。

第五章　墨子新社會之組織法

墨子理想中之兼愛社會。其組織法。略見於尚賢尚同兩篇。他論社會的起原如下。

「古者民始生未有刑政之時。蓋其語人異義。是以一人則一義。二人則二義。十人則十義。其人茲（茲同滋益也）衆。

其所謂義者亦玆衆。是以人是其義以非人之義。故交相非也。是以內者父子兄弟作怨惡離散不能相和合。天下之百姓。皆以水火毒藥相虧害。至有餘力不能以相勞。腐㱙餘財。不以相分。隱匿良道。不以相教。天下之亂。若禽獸然。夫明乎天下之所以亂者生於無政長。是故選擇天下賢良聖知辨慧之人。立以為天子。使從事乎一同天下之義。』（尙同上）

這種議論和歐洲初期的「民約論」很相類。「民約論」雖大成於法國的盧梭。其實發源於英國的霍布士和陸克。他們都說人類未建國以前人人都是野蠻的自由。漫無限制。不得已聚起來商量立一個首長。於是乎就產出國家來了。墨子的見解。正和他們一樣。他說『明乎天下之亂生於無政長。故選擇賢聖立為天子使從事乎一同。』甚麼人「明」。自然是人民「明」。甚麼人「選擇」。自然是人民「選擇」。甚麼人「立」。甚麼人「使」。自然是人民「立」。人民「使」。這種見解。和那說「天生民而立之君」的一派神權起原說。和那說「國之本在家」的一派家族起原說。都不相同。他說國家是由人民同意所造成。和「民約論」同一立脚點。經上篇說『君臣萌通約也。』正是這個原理。

國家成立之後又怎麼樣呢。墨子所主張很有點令我們失望。因為他的結論。流於專制。他說

『正長已具。天子發政於天下之百姓。言曰。聞善不善。皆以告其上。上之所是。必皆是之。上之所非。必皆非之。上有過則規諫之。』（尙同上）

『凡國之萬民上同乎天子而不敢下比。天子之所是。必亦是之。天子之所非。必亦非之。去而不善言。學天子之善言。去而不善行。學天子之善行。天子者固天下之仁人也。舉天下之萬民以法天子。夫天下何說而不治

哉。』尚同中

他的篇名叫做尚同。尚即上字。意思是『上同於天子。』老實說。就是叫人民都跟著皇帝走。這種見地。和二千年後霍布士所說。眞是不謀而合。霍氏既發明民約的原理。卻說民既相約以成國之後。便要各人把自己的自由權拋卻。全聽君主的指揮。後來盧梭的新民約論。就極力批評這一點的不對。不幸墨子的學說。只到霍氏那一步。還未到盧氏那一步。

但墨子之說。是否和霍布士之說全同。我們還要細考。霍氏一面主張民約。一面又主張君主世襲。自然是鹵莽滅裂的學說。墨子爲甚麼要叫「萬民都法天子。」因爲「天子是天下的仁人。」爲甚麼說天子就是天下的仁人。因爲他是「由萬民所選擇而立。」既已如此。卻有一個緊要問題跟著發生。就是要問君位如何繼承。這種選立天子的大典。是初建國時一回行過便了呀。還是永遠繼續舉行。若使一選而不復再選。那麼這位「仁人」死後自然傳給他的子孫。能保他的子孫都是「仁人」嗎。若是這樣。墨子的新社會。一定組織不成。今徧查墨子書中。並沒有一個字說君位要世襲。但也未嘗論及繼續選舉的方法。但墨家卻有一種很奇怪的制度。他們自墨子死後。在全國的「墨者」裏頭。立了一個墨教總統。叫做「鉅子。」所以莊子說他們『以鉅子爲聖人。皆願爲之尸。冀得爲其後世。』天下篇這位「鉅子」狠有點像基督舊教的教皇。我想墨教倘若成功。一定把中國變成「教會政治。」「鉅子」就是一國的行政首長。那麼就「墨者」的眼光看來。天子一定是天下的仁人了。

墨子既已主張這種「尚同主義。」自然是主張「賢人政治」了。所以尚賢主義也跟著來。他說。『智者爲政乎愚者則治愚者爲政乎智者則亂』（尚賢中）據此看來近世之「議會多數政治」和「全民政治」墨子怕都不見得贊成但當時的貴族世襲政治他自然是根本反對更不待言了

墨子的新社會可謂之平等而不自由的社會揣想起來和現在俄國的勞農政府很有點相同勞農政府治下的人民平等算平等極了不自由也不自由極了章太炎很不佩服墨子他說墨學若行一定鬧到教會專制殺人流血這話雖然太過但墨子所主張『上之所是必皆是之上之所非必皆非之』卻不免干涉思想自由太過遠不如孔子講的『道並行而不相悖』了

第六章　實行的墨家

我們研究墨子不但是研究他的學說最要緊是研究他的人格論學說呢雖然很有價值但毛病卻也不少論到人格墨子眞算千古的大實行家不惟在中國無人能比求諸全世界也是少見孟子說『奮乎百世之上百世之下聞者莫不興起也非聖人而能若是乎』我們讀這位大聖人的書總要有「聞而興起」的精神纔算不辜負哩

墨子是一位「知行合一」的人以爲知而不行便連知都算不得了他說

『今瞽者曰「鉅者白也（俞樾云鉅當作豈豈者皚之假借字）黔者黑也」雖明目者無以易之兼白黑使瞽取焉不能知也故我曰瞽者不知白黑者非以其名也以其取也今天下君子之名仁也雖禹湯無以易之兼仁與不仁而使天下之君子取焉不能知也故我曰天下之君子不知仁者非以其名也以其取也』（貴義）

口頭幾句仁義道德的話。誰不會說。卻是所行所爲。完全不是這麼一回事。墨子最恨這一類人。他曾駡告子說『今子口言之而身不行。是子之身亂也。』公孟 墨子自己卻不然。他信一種主義。他就要實行。試把他的事蹟來逐件證明。

墨子主張人類享用。當以維持生命所必要之最低限度爲界。他便照此實行他衣食住的標準。是『堂高三尺。土階三等。茅茨不翦。采椽不刮。食土簋。啜土型。糲粱之食。藜藿之羹。夏日葛衣。冬日鹿裘。其送死桐棺三寸。舉音不盡其哀。』史記太史公自序 他曾上書給楚惠王。惠王說『書是好極了。我雖不能依著做。卻敬重你的爲人。把書社的地方封你罷。』墨子說。『道不行不受其賞。義不聽不處其朝。』掉頭不顧去了。貴義篇 墨子有一次派他的門生公尙過去游說越王。越王很高興。告訴公尙過說。『你能請墨子來越。我把五百里地封他。』於是派了五十輛車去迎墨子。墨子問公尙過『子觀越王能聽吾言用吾道乎。』公尙過說『未必。』墨子說。『不唯越王不知翟之意。雖子亦不知翟之意。意越王將聽吾言用吾道。則翟將往量腹而食。度身而衣。自比於賓萌。奚以封爲哉。抑越不聽吾言。不用吾道。而吾往焉。則是我以義糶也。鈞之糶。亦於中國耳。何必於越哉。』本書魯問篇呂氏春秋高義篇 讀此可見過度的享用。墨子是斷斷不肯的。

墨子是主張勞作神聖的人。他便照此實行。他說『昔者禹之湮洪水。決江河而通四夷九洲也。名山三百。支川三千。小者無數。禹親自操槖耜而九雜天下之川。腓無胈。脛無毛。沐甚雨。櫛疾風。置萬國。禹大聖也。而形勞天下也如此。使後世之墨者……日夜不休。以自苦爲極。曰不能如此。非禹之道也。不足謂墨。』莊子天下篇 讀此可知喫苦是學墨第一個條件。有一點偷安躲懶。墨子便不認他做門生了。

墨子效法大禹的「形勞天下」自然是最重筋肉勞動．但對於腦力勞動．也並不輕視．他說『必量其力所能至而從事焉．』(公孟)又說『譬若築牆然．能築者築．能實壤者實壤．能欣者欣．然後牆成也．爲義猶是也．能談辯者談辯．能說書者說書．能從事者從事．然後義事成也．』(耕柱)有一位吳慮．因爲墨子愛發議論．不以爲然．說道『義耳義耳．焉用言之哉．』墨子說『設天下不知耕．教人耕與不教人耕而獨耕者．其功孰多．』吳慮說『教人耕者功多．』墨子說『天下少知義．而教天下以義者功亦多．何故弗言也．』(公輸)可見就是不能做「形勞」事業的人．只要能喫得苦．替社會服務．就不悖墨子之教了．

墨子主張非攻．並不是空口講白話．聽見有人要攻國．他便要去阻止．那攻的救護那被攻的．有一段最有名的故事．各書都有記載．如下．

公輸般爲楚造雲梯之械．成．將以攻宋．墨子聞之．起於魯．行十日十夜．足重繭而不休息．裂裳裹足．至於郢．見公輸般．公輸般曰『夫子何命焉爲．』墨子曰『北方有侮臣．願藉子殺之．』公輸般不悅．墨子曰『請獻十金．』公輸般曰『吾義固不殺人．』墨子起再拜曰『請說之．吾從北方聞子爲梯．將以攻宋．宋何罪之有．荊國有餘於地．不足於民．殺所不足．而爭所有餘．不可謂智．宋無罪而攻之．不可謂仁．知而不爭．不可謂忠．爭而不得．不可謂强．義不殺少而殺衆．不可謂知類．』公輸般服．墨子曰『然胡不已乎．』公輸般曰『不可．吾既已言之王矣．』墨子曰『胡不見我於王．』公輸般曰『諾．』墨子見王曰『聞大王舉兵將攻宋．計必得宋乃攻之乎．亡其不得宋且不義．猶攻之乎．』王曰『必不得宋且有不義．則曷爲攻之．』墨子曰『甚善．臣以爲宋必不可得．』王曰『公輸般天下之巧工也．已爲攻宋之械矣．』墨子曰『令公輸般設攻臣請守之．』

於是公輸般墨子解帶爲城。以牒爲械。公輸般九設攻城之機變。墨子九距之。公輸般之攻械盡。墨子之守圉有餘。公輸般詘而曰『吾知所以距子矣。吾不言』墨子亦曰『吾知子之所以距我矣。吾不言』楚王問其故。墨子曰『公輸子之意。不過欲殺臣。殺臣。宋莫能守。乃可攻也。然臣之弟子禽滑釐等三百人。已持臣守圉之器在宋城上而待楚寇矣。雖殺臣不能絕也』楚王曰『善哉。吾請無攻宋矣』（本書公輸篇戰國策宋策呂氏春秋愛類篇淮南子修務訓）

這一段故事。把墨子深厚的同情。彌滿的精力。堅強的意志。活潑的機變。豐富的技能。都表現出來。細讀可以見實行家的面目。此外當時事蹟可考見的。如齊欲攻魯。墨子見項子牛及齊王。說而能之。楚欲攻鄭。墨子見楚國的執政魯陽文君。說而能之。詩經說『凡民有喪。匍匐救之』墨子眞當得起這兩句話了。因爲墨子有這種精神和技能。所以各國貪暴之君。不能不敬服他畏懼他幾分。當時的戰爭因墨子反對而停止的很不少哩。

墨子既專以犧牲精神立教。所以把個「死」字看成家常茶飯。『魯人有因子墨子而學其子者。其子戰而死。其父讓子墨子。子墨子曰。『子欲學子之子。今學成矣。戰而死。而子慍。是猶欲糶。糶售則慍也』（公輸）所以淮南子說『墨子服役者百八十人。皆可使赴火蹈刃。死不旋踵』陸賈新語說。『墨子之門多勇士』我們從古書中可以得幾件故事來證明。

『孟勝爲墨者「鉅子」。善荆之陽城君。陽城君令守於國。毀璜以爲符。約曰。『符合聽之』。荆王薨。羣臣攻吳起兵於喪所。陽城君與焉。荆罪之。陽城君走。荆收其國。孟勝曰。『受人之國。與之有符。今不見符。而力不能禁。不能死。不可』其弟子徐弱諫孟勝曰。『死而有益陽城君。死之可矣。無益也而絕墨者於世。不可』孟勝曰。『不然。吾於陽城君。非師則友也。非友則臣也。不死。自今以來。求嚴師必不於墨者矣。求賢友必不於墨者矣。求良臣必不於墨者矣。死之。所以行墨者之義而繼其業者也。我將屬『鉅子』於宋之田襄子。田襄子賢者也。何患墨者之絕世也。』徐弱曰。『若夫子之言。弱請先死以除路。』還。歿頭前於孟勝。因使二人傳「鉅子」於田襄子。孟勝死。弟子死之者八十三人。二人已致命於田襄子。欲反死孟勝於荊。田襄子止之曰。『孟子已傳鉅子於我矣。』不聽。遂反死之。墨者以爲不聽「鉅子」。（呂氏春秋上德篇）腹䵍爲墨者「鉅子」。居秦。其子殺人。秦惠王曰。『先生之年長矣。非有它子也。寡人已令吏弗誅矣。先生之以此聽寡人也。』腹䵍對曰。『墨者之法。殺人者死。傷人者刑。此所以禁殺傷人也。……王雖爲之賜而令吏弗誅。腹䵍不可不行墨子之法。……』（呂氏春秋去私篇）

觀以上兩事。可以見得當時墨教的信徒。怎樣的以身作則。怎樣的爲教義犧牲自己。不是受墨子偉大人格的感化。安能如此。這種精神。眞算得人類向上的元氣了。

講到這裏。我們順帶著把「鉅子制度」研究一回。也很有趣味。莊子天下篇說。『以鉅子爲聖人。皆願爲之尸。冀得爲其後世。』鉅子地位的尊嚴。可以想見。現在鉅子姓名可考見的。只有孟勝田襄子腹䵍三人。鉅子很像天主教的教皇。大約並時不能有兩人。所以一位死了。傳給別位。但教皇是前皇死後。新皇由教會公舉。鉅子卻是前任指定後任。有點像禪宗的傳衣鉢了。又據孟勝事的末句有『墨者以爲不聽鉅子』一語。像是當時孟勝那兩位傳命弟子。應否回去死事。成了墨家教會裏一個問題。想墨教的規條。凡「墨者」都要聽鉅子的號令。（所謂上同而不敢下比）所以新鉅子田襄子要叫那二人不死。就說『我現在是鉅子了。你們要聽我話。』那二人不聽。

所以當時有些「墨者」不以爲然。即此可見墨學是一種有組織有統制的社會。和別的學派不同。倒是羅馬人推行景教。有許多地方和他不謀而合。眞算怪事。

就堅苦實行這方面看來。墨子眞是極像基督。若有人把他釘十字架。他一定含笑不悔。但我們中國人的中庸性格。斷不肯學羅馬人的極端。所以當時墨教推行。並沒有甚麼阻力。因此也惹不出甚麼大反撥。當時墨者的氣象。所以能如此。其好大半是受墨子人格的感化。他門下的人物。比孔門强多了。所以能成爲一時的「顯學。」直至秦漢之間。任俠之風還大盛。都是墨教的影響。可惜漢以後完全衰滅了。

第七章　墨家之論理學及其他科學

一　墨經與墨辯

古書中之最難讀而最有趣者。莫如墨子之經上經下經說上經說下大取小取六篇。晉朝有位魯勝替前四篇作注。名曰墨辯注。「墨辯」兩字。用現在的通行語翻出來。就是『墨家論理學。』（明代西洋論理學書初入中國。譯作辯學）但這六篇性質各有不同。經上經下。是墨子自作。（容有後人增補）莊子天下篇說『墨者俱誦墨經。』誦的就是他。經說是經的解說。大概有些是墨子親說。有些是後來墨家的申說。今不能分別了。大取小取兩篇是講論理學的應用。而且用論理的格式說明墨學精義。像是很晚輩的墨家做的。或者和惠施公孫龍等有關係。也未可知。六篇之中。大取最難讀。因爲錯簡譌字太多了。小取最易讀。因爲首尾完具。有條理可尋。經上經下。性質雖然大略相同。卻也有別。經上很像幾何學書的「界說」。經下很像幾何學書的「定理」。經說上經說下就是這種「界說」「定理」的解釋。

經上裏頭有一句『讀此書旁行。』我們因此纔知道這四篇的讀法。是要將各句相間。分爲上下行排讀。如經上發端『故所得而後成也止以久也。體分於兼也。必不已也。知材也。平同高也。』六句。其排列如下。

(上行)

故。所得而後成也。

體。分於兼也。

知。材也。

(下行)

止。以久也。

必。不已也。

平。同高也。

經說的排列。卻又有點不同。前半篇是解釋經文的上行。後半篇是解釋經文的下行。試將經說各條分款經文之下。則其排列如左。

(上行)

【經】故所得而後成也。

【經說】故小故有之不必然。無之必不然。體也。若有端。大故有之必無然若見之成見也。

【經】體。分於兼也。

【經說】體。若二之一尺之端也。

(下行)

【經】止。以久也。

【經說】止無久之不止。當牛非馬。若矢過楹。有久之不止。當馬非馬。若人過梁。

【經】必。不已也。

【經說】必謂臺執者也。若弟兄。

學者若要研究這四篇奇文。須照此格式鈔錄一徧。兩兩對照。自然清楚。（看閒詁卷十五七至六三頁）

二　墨家之知識論

墨學之全體大用。可以兩字包括之。曰愛。曰智。尙同兼愛等十篇。都是敎「愛」之書。是要發揮人類的情感。經上下經說上下大取小取六篇都是敎「智」之書。是要發揮人類的理性合起兩方面纔見得一個完全的墨子。

墨經發端有四條論智識之界說。（所引原文多經校正不盡與今本同說詳拙著墨經校釋不具引）

經知材也。　經說知也者。所以知也。而不必知。若目。

經慮求也。　經說慮也者。以其知有求也。而不必得之。若睨。

經知接也。　經說知也者。以其知遇物。而能貌之。若見。

經恕明也。　經說恕也者。以其知論物。而其知之也著。若明。

這四條合起來。纔把智識的本質說明。第一『知材也』的「知」字。是指意識的本能。有了這本能。纔有能知之具。但不能說有了能知之具。便算有智識。譬如有眼纔能見物。但有眼未必便有見。第二『慮求也』一條。說要將「所以知」的本能。指著一個方向去發動。這叫做思慮。這是構成智識之主觀的條件。但僅有此條件。知識也未必就成立。因爲思慮要有其所思慮之對象。天下事理。斷不能一味靠冥想而得。第三『知接也』一條。說將「所以知」的本能和外界的事物相接觸而取得其印象。這是構成智識之客觀的條件。（『知材也』之「知」即佛典所謂「根」『以其知遇物』之「物」即佛典所謂「境」『知接也』者根取境也但僅有此條件智識仍未完全成立。因爲所攝得印象。若沒有聯絡的關係。仍不能算做智識。第四。『恕明也』一條。「恕」即智字。『以其知論物』者。「論」是排比論次的意思。（釋名云論倫也）將所得的印象。比較審量一番。叫他有倫有脊成一種明確的觀念。這就是『以其知論物而其知之也著』。這是主觀客觀交相爲用。智識纔算完全成立了。

墨經又有一條。論知識之來源。

經 知。聞。說。親。經說 知。傳受之。聞也。方不㢓。說也。身觀焉。親也。

我們的知識。用甚麼方法得來呢。墨經說。有三種方法。第一是「聞知」。從傳授得來。第二是「說知」。從推論得來。第三是「親知」。從經驗得來。例如小孩子。拿手去玩火。燙著大哭。從此知道火是熱的了。這就是「身親焉」的親知。被這地方的火燙過一次。以後便連別地方的火都不敢摸。因爲他會推論曉得凡火都是一樣熱。這就是「方不㢓」的說知。（本經云『說所以明也』）並未曾被火燙過。他父母告訴他「火是熱的不該去摸」。他便有了這種智識。不會上當。這就是「傳受之」的聞知。人類得有知識。總不外這三種方法。

親知是歸納的論理學。說知是演繹的論理學。這兩種都是純靠自力得來的知識。聞知是其他聽受記誦之學。是借助他力得來的知識。三種交相爲用。各有所宜。不能偏廢。最靠得住的自然是親知。眼見了知色的白黑。耳聽了知聲的清濁。舌嘗了知味的甘苦。手摸了知質的堅柔。這不是最正確的知識嗎。所以現代科學精神。無論治何種學問。總以經驗爲重。可見求知識的方法。「親知」該占第一位了。但人類軀殼爲方域所障限。若必須恃五官的親自經驗。纔得智識。智識能有多少呢。所以要靠「說知」做補助。既知凡火必熱。又知這紅閃閃的便是火兩個觀念結合起來。不必親自拿手去摸那紅閃閃的已經知他必熱。這是最簡單的「方不障」隔牆見角而知有牛隔岸見煙而知有火。（此二句是佛典語）知道煙從火出雖然隔岸見煙不見火。可以推定那裏必有火。又知道火必熱更可以推定那裏必熱了。這是稍複雜的「方不障」我們許多智識都是用這種方法得來。他的作用也不讓「親知」但專用這兩種方法還不彀譬如我們知道二千年前有位聖人叫做墨子。用甚麼方法知道呢。要用身親的經驗那裏找出一位墨子給我們看。要用推論難道能說因有孔子便推定有墨子嗎。況且連孔子也沒親見。又何以知道有孔子呢。像這類的事理「親知」與「說知」兩窮。我們的知識就全靠「相傳下來有所受之」所以、「聞知」也是不可少了。這三種方法一般的重要。像諸君在講堂上聽講在自修室讀書都是從「聞知」而得知識。不過是三種方法之一。若認此爲盡知識之能事。那便錯了。秦漢以後儒者所學。大率偏於聞知。說知兩方面。偏於聞知。不免盲從古人。摧殘創造力。偏於說知。易陷於「思而不學則殆」之弊。成爲無價值之空想。中國思想界之受病。確在此。墨經三者並用。便調和無弊了。

墨子根據這三種方式以爲立言之準則。無論研究何種問題。都拿來應用。所以他說

『凡出言談。則不可不先立儀而言。若不先立儀而言。譬之猶運鈞之上而立朝夕焉也。我以爲雖有朝夕之辯。必將終未可得而從定也。是故言有三法。何謂三法。曰有考之者。有原之者。有用之者。惡乎考之。考之先聖大王之事。惡乎原之。察衆之耳目之情。惡乎用之。發而爲政乎國。察萬民而觀之。』（非命下）

此段乃極言論理學之必要。謂發議論。若不以論理學爲基礎。那議論都算白發了。論理學怎樣做法呢。墨子提出三法（非命上作三表）「有考之者」便是聞知的應用。「有原之者」便是親知的應用。「有用之者」便是說知的

應用．墨子雖然三表並列．但最注重者還是第二表．他說．

『天下之所以察知有與無之道者．必以衆之耳目之實察知有與無之爲儀者也．誠或聞之見之．則必以爲有．莫聞莫見．則必以爲無．』明鬼

凡事都要原察耳目之實．就是「親知」．就是科學根本精神．就是那第三表的推論法．雖然近於「說知」．也是要看他是否『中國家百姓人民之利．』非命上 這就不是空泛的推論了．所以墨家言可算得徹頭徹尾的實驗派哲學．

這派哲學雖然是好．卻也有流弊．因爲「耳目之實」有時雖然很靠得住．有時也很靠不住．例如從山上望海．覺海水都白色．到底是白不是白呢．荀子說．『冥冥而行者．見寢石以爲伏虎也．見植林以爲後人也．』解蔽篇 可見因種種關係．「耳目之實」不見得便正確．卽如明鬼篇講許多鬼．據墨子說來．都是衆人共見共聞．難道便算得科學的有鬼論嗎．卽此可見親知之外．更須有聞知說知爲之補助了．

墨經還有一條．說親知以外的智識．說道．

經知而不以五路．說在久．經說知以目見．而目以火見．而火不見．惟以五路知久．不當以目見．若以火見．

「五路」指眼耳鼻舌身五官．因是感覺所從入之路．所以叫做五路．「久」指時間．經中別有一條說．『久合古今旦暮．』這條經的意思說．普通的知識．自然是由五官的感受而來．例如用目去見火．無目則火不能成見．雖然．亦有不恃五官感受作用者．例如時間觀念．乃從時間自身印證出來．不像以目見火．倒像以火見火了．

墨經又有一條．論對於自己智識程度能有明確的自覺．是求眞知識之一要件．說道．

經知其所不知。說在以名取。經說雜所知與所不知而問之。則必曰『是所知也。是所不知也。』取去俱能之。是兩知之也。

這條和論語講的『知之爲知之。不知爲不知。是知也。』大意相同。但說得更爲切實。一個人要知道那部分事理是自己所知。那部分是自己所不知。看似容易。實乃大難。能彀遇事分別指出。便是求眞實智識第一段工夫。

墨經又講知識要想方法傳授與人。說道。

經物之所以然。與所以知之。與所以使人知之。不必同。說在病。經說物。或傷之。然也。見之。知也。告之。使知也。

學問的效用。不但是自己知之。還要使人知之。例如地是圓的。我自己或是因環遊一周而知之。但不能人人都環遊一周。所以要別想方法。令未環遊的人都可以知之。這便是科學所由成立。像中國許多學問。都說「可以意會不可以言傳。」那就這種學問永遠在科學範圍以外了。

墨經論知識的尚有多條。以上所舉。不過最重要的一部分。但讀此已可見得墨學的精深博大了。

三　論理學的界說及其用語

西語的邏輯。墨家叫做「辯」。墨經言「辯」的界說有兩條。

經上辯。爭彼也。辯勝。當也。經說上辯。或謂之牛。或謂之非牛。是爭彼也。是不俱當。不俱當。必或不當。不當若犬。

經下謂辯無勝。必不當。說在辯。經說下謂。所謂。非同也。則異也。同則或謂之狗。其或謂之犬也。異則或謂之牛。其或謂之馬也。俱無勝。是不辯也。辯也者。或謂之是。或謂之非。當者勝也。

合讀這兩條。「辯」的意義大略可明了。所謂「辯爭彼也」者。「彼」是指所辯的對象。本條之前有一條釋「彼」字之義。經云『彼不可兩也。』經說云『此牛渠非牛兩也』是說凡辯論者須以同一之對象爲範圍。例如我說『甲是牛』你說『乙非牛』此在論理學上不成問題。因爲對象有兩個。所以兩造所持之說。可以俱是可以俱非。反之我說『甲是牛』你說『甲非牛』你我同爭一個對象。這就辯論起來了。這種辯論。不會兩邊都對。不是我不對。就是你不對。若使這個「甲」實在是犬。你辯勝了我。便是你對我不對了。經下那條。申明這意思。凡辯論總須有一面勝了。纔算結局。若兩無勝敗。便等於不辯了。但既已同辯一個對象。那裏有兩無勝敗的道理呢。上條說『勝者當』下條說『當者勝』兩義正相發明。

墨子這種主張。後來莊子就提出正反對的意見。莊子說。

『辯也者。有不見也。……既使我與若辯矣。若勝我。我不若勝。若果是也。我果非也耶。我勝若。若不我勝。我果是也。而果非也耶。其或是也。或非也耶。其俱是也。俱非也耶。我與若不能相知也。則人固受其黮闇。吾誰使正之。使同乎若者正之。既與若同矣。惡能正之。使同乎我者正之。既同乎我矣。惡能正之。……』（齊物論）

莊子純屬懷疑派的論調。認宇宙間沒有絕對的眞理。謂凡辯論的都是僅見一面。不見他面。所以得『辯無勝』的結論。到底主張「辯有勝」的墨子和主張「辯無勝」的莊子。他們兩位這一場「辯」。誰當誰不當呢。我說。還要看所爭的「彼」（即對象）是甚麼。若是辯論宇宙根本原理。這不是專靠智識所能解決的。無論怎樣辯法。總是「或是或非」或者「俱是俱非」此外凡落到名相有因果關係的事物。那卻是『是不俱當。不俱當。必或不當』了。既從知識範圍內立論。我自然是左袒墨子。

「辯」的性質既已說明然則「辯」究竟有甚麼用處呢應該怎麼「辯」法呢小取篇說

『夫辯也者將以明是非之分審治亂之紀明同異之處察名實之理處利害決嫌疑焉（訓乃）摹略萬物之然論求羣言之比以名舉實以辭抒意以說出故以類取以類予』

這一段上半是講辯的作用因爲要辯別眞是眞非纔可以應付事物所以辯學不惟有益而且必要下半是講辯的方法『摹略萬物之然』是蒐求一切事物的眞現象『論求羣言之比』是整理各種現象相互之關係以下五句是說用辯的方式字字都極精審『以名舉實』三句是演繹法的要件『以類取』二句是歸納法的要件

論理學家謂「思惟作用」有三種形式一曰概念二曰判斷三曰推論小取篇所說正與相同

(一)概念 Concept ═以名舉實

(二)判斷 Judgment ═以辭抒意

(三)推論 Inference ═以說出故

如牛如獸如動物都是一個概念凡概念都要經過一番綜合比較纔能得來有一個特別概念就拿一個特別名號表示他這叫做『以名舉實』判斷是要兩個以上的觀念相連結纔能發生如云「牛是獸」是說牛的概念與獸的概念相函如云「牛非禽」是說牛的概念與禽的概念相外用是非等字樣判斷兩個概念的關係便是意表示這意的那句話便是辭這叫做『以辭抒意』推論是要兩個以上的判斷相連結纔能發生如說「牛是獸」是一個判斷說「獸是動物」又是一個判斷因這兩個判斷便可以生「牛是動物」的第三

個判斷來牛所以是動物之「故」靠前兩句來說明他這叫做『以說出故』

名字實字舉字意字說字故字類字取字的定義墨經中皆有專條除類字取字應在次節解釋外今請引經文解釋名實等字

（一）名實　名實兩字在春秋戰國間學術界為辯爭極劇之問題墨經所下定義如下

經名實合為經說所以謂名也所謂實也名實耦合也志行為也

經實榮也經說實其志氣之見也使之如己

經名達類私經說名物達也有實必得是名也命之馬類也若實也者必以是名也命之臧私也是名也止於是實也

『所以謂名也所謂實也』這兩句釋名實二字最為精要例如指著這部書叫他做「墨子」所指的書是所謂是實墨子是所以謂是名經說下別有一條云『舉彼堯也是以名示人也指是虎也是以實示人也』解釋名實二字尤為明顯實是客觀上的對境名是主觀上的概念將對境攝取成為概念概念對境一致脗合像以印印泥印出的形象即是原型的形象這就是「名實耦」「實」是要『志氣之見使之如己』「志氣」是事物的屬性「志」是指屬性靜的方面志止也「氣」是指動的方面例如水冷性是他的志流相是他的氣我們凡指一物總是指這物全部的屬性一點不罣漏一點不含混全部的屬性就是這物所以異於他物就是這物的「己」恰恰「如己」便是實

「名」是概念的表示概念是經過總合分析比較纔能發生所以名有達名類名私名三種達名是一切事物

共通之名。例如「物」類名是包括這一類事物之名。例如「馬」私名是這一件事物專有之名。例如「臧」（「臧」字在古書中久成為僕隸之「類名」其實古人所用僕隸多起他個名字叫做臧沿習既久便成了「類名」例如梅香本是一位丫頭的名字後來元明劇曲上凡丫頭都叫做「梅香」小二本是一位店裏小夥的名字後來水滸傳上凡店夥都叫做「店小二」）達名是表示共相私名是表示別相類名是表示共中之別別中之共。列表如下。

- 物
  - 無生物
  - 有生物
    - 非動物
    - 動物
      - 非乳哺動物
      - 乳哺動物
        - 非人
          - 非馬
          - 馬
        - 人
          - 非僕隸
          - 僕隸
            - 其他僕隸
            - 臧

最廣的達名是「物」。最狹的私名是「臧」。都是極單純的。中間的類名。如「人」如「馬」皆是。這卻層累複雜了。所以有時大類名對於小類名。性質變成達名一樣。例如。

- 人
  - 歐洲人
  - 中國人
    - 現代中國人
    - 古代中國人
      - 古代中國人的常人
      - 古代中國人的聖人
        - 孔子
        - 墨子

分類是正名的要緊關鍵。所以墨經中講辨類的方法極詳。（次節再論）欲辨別類名。要知道外延內包之大小。外延是就事物的範圍而言。內包是就事物的屬性而言。凡物外延愈小的。內包愈大。外延愈大的。內包愈小。例如下圖。動物裏頭有人類。人類裏頭有全中國人。中國人裏頭有墨子。動物外延最大。墨子外延最小。墨子具備中國人的屬性。中國人具備人類的屬性。人類具備動物的屬性。所以墨子內包最大。動物內包最小。經說中『有實必

外延

內包

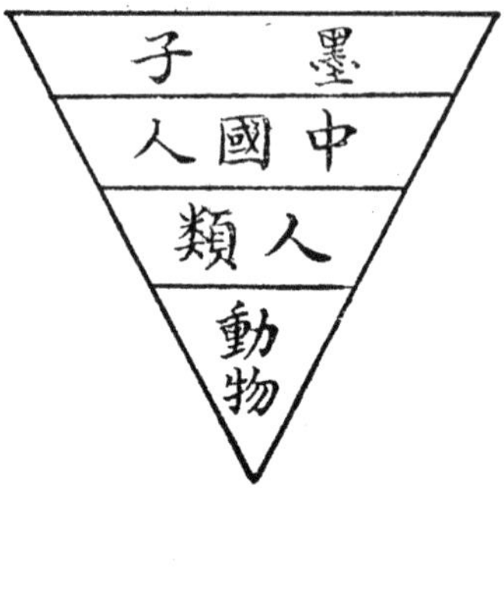

得是名。是名止於是實』講的就是這個道理。

(二)舉。　有了這個概念要把他表示出來這叫做舉。

經舉擬實也。**經說**舉告以是名舉彼實也。

用這個名表示那個實是之謂「擬實」是之謂舉。然則怎樣舉法呢。是非有語言不可。墨經有一條講言與名的關係其文如下。

經言出舉也。**經說**言也者口態之出名者也。名猶畫虎也。言謂也。言由名致也。

出舉。是把那「擬實」的「舉」弄他出來。怎樣出法呢。是要用「口態」。概念是一種虛緲的東西。好像畫的老虎一樣我腦裏頭雖然有全個老虎的印象怎麼纔能令這印象釐然獨立不和別的印象相混呢怎樣纔能把我腦裏頭的印象令人懂得呢。總要用口態把那虎字的發音吐出來。然後規定這種發音。就是表示

如此這般的概念所以說『言謂也言由名致也』經說下別有一條云『有是名也然後謂之無是名也則無謂也』就是申說『言由名致』的道理

（三）辭　辭字墨經中無專條解釋以意推補之則單言謂之言複言謂之辭凡一個「辭」總要包含兩個以上的「名」「名」在論理學上叫做名詞Term「辭」在論理學上叫做命題Proposition

（四）意　意字經中亦無專條解釋但別有一條可相發明

經信言合於意也**經說**信必以其言之當也使人視誠得金

此條說「意」字含忖度判斷的意思說那裏一定有金叫人去看果然得金就叫做『言合於意』嚴格解釋起來這「意」字卽論語『毋意毋必』的「意」亦卽「億則屢中」的億經下別有一條云『意未可知說在可用過仵』意味正同小取篇的『以辭抒意』自然是用命題的形式表示所判斷但這「意」字與其譯作判斷Judgment不如譯作臆說Hypothesis判斷是說『這是眞的』臆說是說『這是近眞的』墨經用個意字很表示謹愼態度

（五）說

經說所以明也（此條有經無說）

此條經文容易了解所以沒有經說但經下每條都有「說在甚麼」的字樣可以知道凡「說」都是證明所以然之故所以說『以說出故』

（六）故　故字當英語之Cause指事物所以然之故卽原因也因果律為論理學第一要件所以墨經第一條

首釋「故」字。

經故所得而後成也。經說故。小故有之不必然。無之必不然。體也。若有端。大故有之必然。若見之成見也。

說文『故使爲之也』加熱能使水蒸爲汽。加冷能使水凝爲冰。汽得熱而成熱是汽的原因。冰得冷而成冷是冰的原因所以說『所得而後成』經說將原因分爲總因分因兩項總因叫做大故分因叫做小故例如眼之見物。(一)須有能見之眼。(二)須有所見之物。(三)須有傳光的媒介物(四)須視線所經無障礙物(五)要心識注視此物這五件原因有了一件未必便能見缺了一件卻一定不能見了所以說『有之不必然無之必不然』若五件都完全便叫做大故有了這大故一定成見所以說『有之必然』小取篇說『以說出故』出的就是這個「故」

以上把思惟作用的三種形式子細說明可以講到論理學的方式了。

四　論理的方式

墨經論理學的特長在於發明原理及法則。若論到方式。自不能如西洋和印度的精密。但相同之處亦甚多。

印度的「因明」是用宗因喩三支組織而成。式如下。

宗——聲無常。

因——何以故所作故。

喩——凡所作皆無常例如瓶。

墨經引說就經便得三支其式如下。

宗——「知材也」

因——何以故「所以知」故。

喻——凡材皆可以知「若目」

這條是宗在經因喻在說經上經說上多半是用這形式經下經說下則往往宗因在經喻在說如

宗——「損而不害」

因——說在餘。

喻——「若飽者去餘若瘧病人之於瘧也」

全部墨經用這兩種形式最多和因明的三支極相類內中最要緊的是「因」「因」即「以說出故」之「故」

西洋邏輯亦是三支合大前提小前提斷案三者而成其式如下。

大前提——凡人必有死。

小前提——墨子人也。

斷案——故墨子必死。

墨經中亦有用這形式的例如下篇中有一條。

大前提——『假必非也而後假。』

小前提——『狗假虎也。』

斷案——『狗非虎也。』

這種三支法。可以積疊起來變成五六支。其法。是一個大前提。一個斷案。中間夾著無數的小前提層累而下。

墨經中有一條。

經非誹者誖。說在弗非。經說非非之誹也。非誹。不可誹也。不可誹也。是不可非也。

將論式演出來。應得以下各條。

一弗非者誖。

二何以故無是非之心故。

三有非者則吾從而非之。是誹也。

四非誹者謂不可誹人也。

五謂不可誹人。則是雖有非亦不可非也。

六然則非誹是教人無是非之心。故誖。

此類條數雖多。其實可以三支馭之。

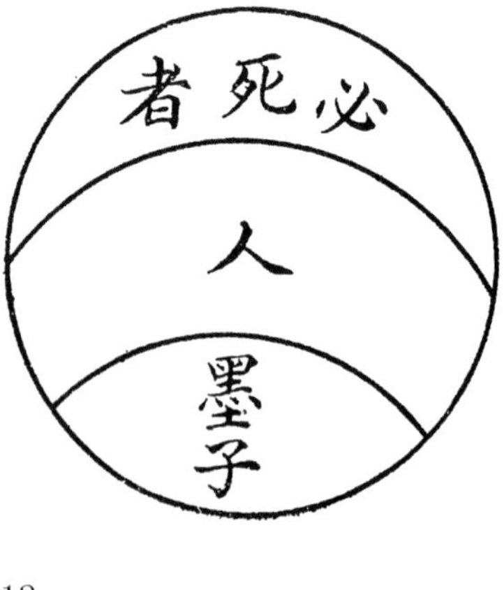

墨子全書大半都是用這些論式構成．試在天志篇舉幾段爲例．

一 { 大前提——天下有義則生．無義則死．有義則富．無義則貧．有義則治．無義則亂．
小前提——然則天欲其生而惡其死．欲其富而惡其貧．欲其治而惡其亂．
斷案——此我所以知天之欲義而惡不義也．

二 { 大前提——義必從貴者知者出．
小前提——天爲知天爲貴而已．
斷案——然則義果自天出矣．

三 { 宗——天之意．兼而愛之．不欲大國之攻小國也．大家之亂小家也．……
因——然則何以知天之愛天下之百姓……以其兼而有之．
喩——且夫天之有天下也．無以異乎諸侯之有四境之內也．今諸侯有四境之內．豈欲其臣民之相爲不利哉．夫天之有天下也．無以異

此

試將全部墨子細讀．到處都發見這種論式．便可見墨家的主義都是建設在嚴密的論理學基礎之上了．

五　論理的法則

墨家論理學最精采的部分．在論法則．墨經有一條釋「法」字之義．

經 法所若而然也．經說 意規員三也俱可以爲法．

法．是模範的意思．依著同一的模範做去．自然生出同樣的結果．所以說『所若而然』．這模範的法又從那裏

來呢。例如想做個圓模。把腦中圓的概念。意用一個畫圓的規。規畫出一個圓形。員三件和合。俱模便成了。還有一條引申此意。

經一法之相與也盡類。若方之相合也。說在方。經說一。方盡類。俱有法而異。或木或石。不害其方之相合也。盡類猶方也。物俱然。

這是說凡同法的必同類。一面也可以說凡同類的必同法，所謂科學精神。不外發明事物公共法則拿來應用，怎樣的發明。怎樣的應用。卻是靠論理學。演繹的論理學。是把同法的推到同類。歸納的論理學。是從同類中求出同法。論理學既在學問上負這樣重大的任務。所以他自身當然要有公用的法則了。

小取篇列出七個重要的法則。一或。二假。三效。四辟。五侔。六援。七推。

(一) 或。『或也者。不盡也。』

經上云。『盡。莫不然也。』此處以「不盡」訓「或」者。「或」古域字。有限於一部分之意。便非「莫不然」了。本條講的是論理學上「特稱命題。」凡命題有全稱Universal特稱Particular之分。例如說『凡人皆有死。』主詞的「凡人。」是全稱。是盡。所以可以說個「皆」字。表示「莫不然」的意思。如說『有些人黃色。有些人白色。』便是說人或黃或白。主詞的「有些人。」是特稱。是不盡。若全稱特稱錯倒。論理便成誤謬。

(二)假。『假也者。今不然也。』

本條講的是論理學上假言命題。凡命題有定言Categorical 假言 Hypothetical 之分。普通的三支論法。都是定言命題。如云『凡人皆有死。』『墨子是聖人』之類皆是假言命題是假設之詞。如云『明日若天晴。我要逛西山』如云『你若學得到墨子便也是一位聖人』這都是假說的話現在還未實現所以說『今不然』假言命題的論式和定言的完全不同所以特別論他。

(三)效。『效也者爲之法也所效者所以爲之法也故中效則是也不中效則非也』

「效」卽是法則仿照那法則去做叫做效。那法則便是所效。與法則相應的論辯便是中效。反是便是不中效。論理學的法則極複雜極謹嚴稍不留心就會鬧到不中效了。小取篇有一段說不中效的例云

『其弟美人也愛弟非愛美人也車木也乘車非乘木也船木也入船非入木也盜人也多盜非多人也無盜非無人也奚以明之惡多盜非惡多人也欲無盜非欲無人也愛盜非愛人也不愛盜非不愛人也殺盜非殺人也』

此一段是論名辭周徧 Distribute 的法則。上文說或『一周而一不周。』卽是此意。名辭周徧不周徧在論理學上極要注意。如云『凡人皆有死。』「人」之名周徧。「死」之名不周徧。因爲有死的很多。不獨在人。如云『有些人是白種』「人」與「白種」兩名都不周徧因爲人不皆白白者又不皆人。如云『無人能飛。』那就「人」與「飛」兩名都周徧了。因爲凡人都不會飛凡會飛的都不是人。所謂周徧不周徧的法則如此。試觀甲圖。弟爲美人之一部分車船爲木之一部分但都是不周徧的。弟之外尚有美人車船之外尚有木。所以說愛弟卽愛美人乘車船卽乘木斷然是不中效。反言之若說愛美人卽愛弟。乘木卽乘車船也是不中效。試觀乙圖。弟有時可以在美人範圍之外車船之外尚有別的木木之外亦尚有車船的原料殺盜殺人之喻亦如此人

甲圖

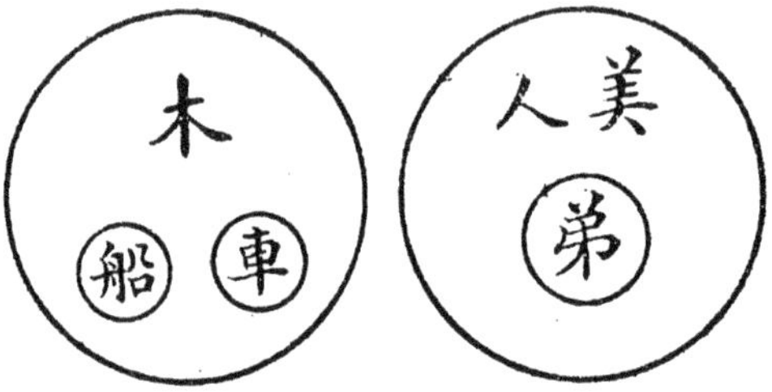

乙圖

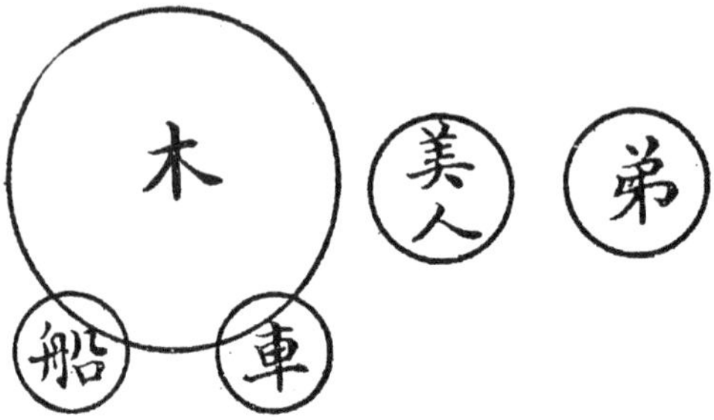

固不皆盜。盜亦不必皆人。

亦有兩樣反對的論斷都可以中效的。試舉一例。

經狗犬也。而殺狗非殺犬也可。說在重。經說狗犬也。謂之殺犬可。

爾雅說『犬未成豪曰狗』。狗之外尚有犬。狗對於犬不周偏。所以經文說「殺狗非殺犬」的論斷。可算中效。

但犬之外卻無狗。犬對於狗周偏。所以經說說「殺狗卽殺犬」的論斷也可算中效。

以上都是論判斷中效不中效。但有時判斷雖中效。而所以判斷之「故」還會不中效。『故中效則是也』胡氏讀故字斷句謂卽『

以說出故』之「故」亦可通經中有一條說。

【經】狂舉不可以知異說在有不可。【經說】狂。牛與馬雖異。以「牛有齒馬有尾。」說牛之非馬也不可。是俱有不偏有偏無有牛之與馬不類用「牛有角馬無角」是類不同也。

說「牛非馬。」這判斷自然是不錯了。問你何故說「牛非馬。」你說「牛有齒馬有尾。」這就是你所出的「故」不中效。因為齒與尾都是牛馬所同有。不能拿來表示差別。若說因為「牛有角馬無角。」那便中效了。

此外經文中講中效不中效的例還很多。不必一一徵引。觀此已可以知效字的意義了。

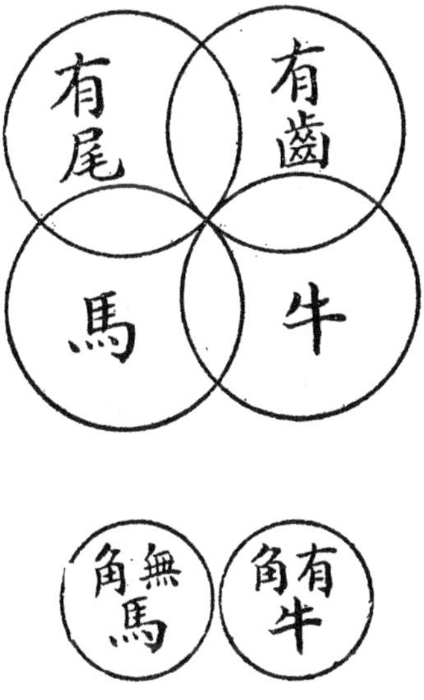

（四）辟（同譬） 『辟也者舉他物而以明之也。』

此條論譬喻的作用。胡適引說苑中講惠施一段故事。解釋得最好。

『梁王謂惠子曰「願先生言事則直言耳。無譬也。」惠子曰。「今有人於此而不知彈者。曰彈之狀何若。應曰彈之狀如彈。則諭乎。」王曰「未諭也。」「於是更應曰。彈之狀如弓而以竹為弦。則知乎。」王曰「可知矣。」惠子曰『夫說者固以其所知諭其所不知而使人知之。今王曰無譬則不可矣。』

經下云『所以知之與所以使人知之不必同。』譬喻的用處就在所以使人知之。陳那因明論云。『能立。與能破。及似。唯悟他。現量與比量。及似。唯自悟。』論理學本兼自悟悟他兩種任務。譬喻是悟他的簡捷方法。所以因明三支喻居其一。墨經中引喻最多。如前文所舉『若目』『若脫』『若見』『若明』諸條皆是。

（五）侔。『侔也者比辭而俱行也。』

這亦是「使人知之」的一種方法。辟是用那個概念說明這個概念。侔是用那個判斷說明這個判斷。辟是用之於「以名舉實」。侔是用之於「以辭抒意」。（下文援推兩法是用之於「以說出故」）胡適引公孫龍子解釋此條甚好。

『龍聞楚王……喪其弓左右請求之王曰「止楚人遺弓楚人得之又何求乎。」仲尼聞之曰「……亦曰人亡之人得之而已何必楚」若此仲尼異「楚人」於所謂「人」夫是仲尼異「楚人」於所謂「人」。而非龍異「白馬」於所謂「馬」。悖。』

楚人對於人不周徧故不能將楚人與人混爲一談。白馬對於馬不周徧故不能將白馬與馬混爲一談。兩辭的性質完全相同那個辭中效這個辭也中效這便是『比辭而俱行』。經下篇每條都有『說在某說在某』等文用的就是侔法。侔雖是善法。但應用時極要謹愼。小取篇又說

『辭之侔也有所至而止。其然也有所以然也。其然也同。其所以然不必同。』

比辭須有個界限。不能越界而比。因爲雖同然的事物。其所以然或不同。不同就不能互比了。經下篇有一條。消極的規定比辭公例如下。

經異類不比。說在量。經說異。木與夜孰長。智與粟孰多。爵親行價四者孰貴。麋與虎孰高。

如云「此木甚長」「此夜甚長」。這兩個辭表面上完全相同。但不能說此木比此夜長若干。因其爲長雖同。其所以長不同。爵位可貴。父母可貴。品行可貴。高價之物亦可貴。但所以貴者不同。若說「父母之貴値錢

若干。」這還成句話嗎。所以異類的辭。就不能比以俱行。

(六)援。『援也者。曰子然。我奚獨不可以然也。』

援是援例。援與辟侔。都是將所已知說明所未知。但辟是用之於概念。侔是用之於判斷。援是用之於推論。援要援他所以然之故。故曰『子然我何獨不可以然。』凡事物之「然」必有其所以然。卽『有之必然』之「大故」是也。子旣有之而然。我若有之亦何獨不然。所以可以援子以例我。如知道張三用功。考得優等。李四也是一樣用功。就可以援例知他必得優等。這就是援的作用。經說下有一條極精到。說道。

『以所明正所不知。不以所不知疑所明。若以尺度所不知長。』

這就是講援的作用。

(七)推。『推也者。以其所不取之同於其所取者。予之也。是猶謂他者同也。吾豈謂他者異也。夫物有以同而不率遂同。』

此條便是上文總論所講的『以類取以類予。』是講歸納法。是論理學中最要的部分。是增加新智識的不二法門。想要子細說明他。須將推字類字取字予字同字異字之定義。逐一說明。這些字墨經中都有專條解釋。今爲令諸君容易了解起見。先將西洋的歸納法大略一講。再引經文將以上各字逐一解釋。最後乃釋本條條文。

西洋論理學。發源希臘。二千年間。學者遞相傳習。但所講的都是演繹法。陳陳相因。變成一種形式的學問。直至十七世紀。倍根始發明歸納法。十九世紀。穆勒約翰把歸納法應用的法則。研究得更爲完密。論理學的面目在這三百年內完全革新科學勃興實以此爲原動力其關係重大如此然則歸納法和演繹法的不同在那裏呢演繹法是將已經發明的定理拿來推演歸納法是要發明新定理而且檢點舊定理的眞假例如『凡人必死（大前提）墨子人也（小前提）故墨子必死（斷案）』這種三支論法目的必是在討論「墨子必死」的問題是否正確但若使上舉兩個前提都已正確則「墨子必死」乃自明之理何勞推論這種演繹便是畫蛇添足若使這兩個前提有一個不正確或者世界上原有不死的人那麼就難保墨子不在這不死的裏頭（唐以後的道士就說墨子昇仙）或者墨子並不是人那麼人雖必死墨子還可以不死（耶教徒就說基督不是人）然則你說「墨子必死」的斷案就算正確嗎一定要用種種方法證明凡人必死又用種種方法證明墨子一定是人纔算是正確的斷案例如說『雷公是打惡人的（大前提）某甲被雷打（小前提）所以某甲是惡人（斷案）』這段話在演繹法的形式上絲毫沒有謬誤難道能說他是眞理嗎歸納法是要研究世界是否有雷公某甲是否被雷公打研究的結果纔可以得眞的定理和新的定理這就是歸納法的功用

穆勒的歸納用五種方法

（一）求同 The Method of Agreement

（二）求異 The Method of Difference

（三）同異交得 The Method of Agreement and Difference

（四）共變 The Method of Conomitant Variation

（五）求餘 The Method of Residues

這五種方法的應用。各家論理學書有一段論結露的原因。最爲有趣。今不嫌支離。詳述如下。

我們要知道空氣爲什麼凝結而成霜露等物。第一步可用求同法研究他。暑天飲冰水。看見玻璃杯的外面結露。冬天外邊下大雪。屋裏燒著大火爐。看見玻璃窗內面結露。拿面鏡子或銅墨盒蓋用口向著他呵氣。他面上就結露。綜合這三種現象。可以得一個公例。是『凡結露的物體比諸四周圍的空氣較冷』這算是一個原則了。但還有一種現象應該注意。夜間樹葉上也結露。何以見得那塊葉一定比四圍空氣冷呢。這很容易證明。試用兩個寒暑表。一個懸在空中。一個放在葉上。那葉上的表一定比空中的表溫度較低。可見樹葉結露的原因。完全與玻璃杯等相同了。這就是用求同法求出來。

雖然。何以見得這一定是原因不是結果呢。或者因爲結露之故。纔令該物體冷了。也未可知。卽不然。或者別有一個原因而結露與物體之冷同爲聯帶的結果。也未可知。所以這個原則是否可靠。還要用別的方法來證明。於是用求異法。同是裝著冰水。爲什麼玻璃杯結露。瓷器杯不結露呢。同在一個滑面上呵氣。爲甚麼玻璃鏡的露結得快。墨盒蓋上結得慢呢。同在一個墨盒蓋上呵氣。爲甚麼光滑的那部分結露多。雕刻或銹壞的那部分結露少呢。就這些異處。逐一求去。可見結露之有無快慢多寡。一定和該物體更有關係了。於是再用共變法。將各種物體。一一檢查。可以發現兩個原則。第一。傳熱難的物質結露易。傳熱易的物質結露難。第二。散熱易的物態結露易。散熱難的物態結露難。既是傳熱難而散熱易的物體。那麼一面他的外部感受冷氣。就把原有的熱容易散發了去。一面想從別處傳通熱量以補償所消失。卻甚遲慢。他那外層的滑面自然是要比四圍空氣較冷了。這就可以證明最初發現的原則。一點都不錯。

最後更用同異交得法來證實他。試取那種種結露的物體來比較。以物質論。或是玻璃。或是銅。或是樹葉。各各不同。以形狀論。或是圓的立體的。或是方的平面的。或是尖的。各各不同。以位置論。或在桌子上。或在牆上。或在空地。各各不同。以時候論。或在冬。或在夏。或在日裏。或在夜間。各各不同。除卻「傳熱難散熱易本體比周圍空氣較冷」這一個條件外。其餘各種情狀。沒有一樣相同。然而同生出結露的現象。又翻過來。取那種種不結露的物體來比較。一個瓷杯。一個陶杯。一個石杯玉杯金杯銅杯竹杯木杯。款式容量。都和玻璃杯一樣。裝著一樣多的冰水。同一個時候。擺在一張桌子上。除卻「傳熱難散熱易本體周圍空氣較冷」這一個條件外。沒有一樣和玻璃杯不相同。然而都不能生出結露的現象。於是乎「傳熱難散熱易本體比周圍空氣較冷為結露原因」這一個斷案。便成了顛撲不破的眞理了。

諸君聽了這段話。總應該想起墨經第一條說的『故所得而後成也』及那條經說說的『小故有之不必然。無之必不然。大故有之必然。』玻璃窗結露的原因。(一)因外邊下大雪。(二)因屋裏有火爐。(三)因這塊玻璃傳熱難。(四)因這塊玻璃散熱易。(五)因這塊玻璃介在屋頂屋外。外面空氣冷。內面空氣暖。這五件都是「小故」。缺了一件。斷不會結露。僅有一件或兩三件。仍不會結露。五件湊在一齊。這塊玻璃在屋裏那一面比屋裏空氣較冷。便成了「大故」。得了這大故。那露便成了。

這是用歸納方法。從物體的方面研究結露的原因。至於空氣方面。我們可以用演繹法來說明他。我們讀過物理學書。知道有三種定理。已經為學界所公認。其一。空氣所能保持的水分。緣該空氣的溫度而生差異。若干的溫度。只能保持若干的水分。倘使水的分量超過這個程度。一定由氣體變成液體。從上面掉下來了。其二。空氣溫度愈高。所能保持水氣的分量愈多。愈低則愈少。其三。空氣接觸著比他自己較冷的物體。那觸物的空氣。便失了他原來的溫度。我們既已知道三種定理。就可以應用他來演繹結露現象。有塊樹葉在此。那葉面比周圍空氣較冷。於是觸著這塊葉的空氣也冷了。空氣冷了。保持不住固有的蒸發力。於是變爲液體。那液體又依重學的定理。照例要下墜。所以就黏在這葉上面成了水滴。研究到這裏。結露的原因眞算毫髮無遺憾了。據此說來。前段說的還不算「大故」。再加上「空氣所含水分太多遇冷物變成液體」和那「傳熱難散熱易本體比周圍空氣較冷」的物件碰在一起。這眞是露之『所得而後成』了。

我講的是墨子。無端插入這一大堆話。眞可謂橫生枝節。但我想趁這機會告訴諸君做學問的方法。諸君聽了。可以知道研究眞理。應採何等態度。極微細極普通的現象。欲澈底知到他所以然之故。也很不容易。但既知道方法。研究下去。卻實有興味。諸君聽過這段話。應知道論理學爲一切學問之母。以後無論做何種學問。總不要拋棄了論理的精神。那麼眞的知識自然日日加增了。

如今用得著小說家兩句套調。『閑話休提。言歸正傳。』墨子的論理學。不但是講演繹法。而且講歸納法。他的歸納法。不能像二千年後的穆勒約翰那樣周密。自無待言。但緊要的原理。他都已大概說過。今請逐條引證。

經推諸其所然者於未然者。說在於是推之。

「推」字。依小取篇所說。全屬歸納法。依這條經文所說。是演繹歸納兩法通用。總是舉所已知以明所未知。所以近世論理學家說演繹是直接推理。歸納是間接推理。

經正因以別道。經說正彼舉其然者以爲此其然也。則舉不然者而問之。

經正類以行之說在同。經說正彼以此其然也說是其然也。我以此其不然也疑是其然也。此然是必然。則俱。

這兩條說的「正」字。是歸納法根本作用。有許多向來認爲眞理的。都要用歸納法來矯正一番。『彼舉其然者以爲此其然也則舉不然者而問之。』譬如有人說。『一定要有君主國家纔能富强。』我就可以反問他『美國法國怎麽樣呢。』有人說。『必要有議會纔算人民政治。』我就可以反問他『現在俄國怎麽樣呢。』這就是矯正作用。矯正作用要『以類行之』什麽是類呢。就是看他同不同。若甲然乙必然。便是同了。例如玻璃杯結露。墨盒蓋結露。樹葉亦結露。看他同一的現象。就知道有同一的原因。

既是『類以行之』那麽研究同異問題最重要了。經中有許多條。

經同重體合類。經說同二名一實重同也。不外於兼體同也。俱處於室合同也。有以同類同也。

經異二不體不合不類。經說異二畢異二也。不連屬不體也。不同所不合也。不有同不類也。

這兩條釋同異的定義。同有四義。仲尼即是孔子。是謂重同。直隸是中國的一部分。是謂體同（經上體分於兼也）你我都是中國人。是謂合同。孔子墨子釋迦基督都熱心救世。是謂類同。異有四義。孔子非墨子。是因二而異。墨經非六經的一部分。是因不體而異。墨子與基督不同國不同時。是因不合而異。孔子與盜跖性質完全相反。是因不類而異。

這兩條以外。經中釋同異者尚多。諸君可以自己參考。不必徵引了。今論歸納同異之法。

(一)求同法

經同異而俱於此一也。（經說譌誤不可讀）

經法同則觀其同。經說法。法取同。觀巧轉。（巧轉二字有譌）

這是講「求同法」專就他同的方面觀察怎樣觀察法呢。是『異而俱於此一』。裝冰水的玻璃杯。呵氣的墨盒大月亮底下的樹葉明明是異的。專就結露這一點。把他「俱」起來這就是「取同。」

(二)求異法

經法異則觀其宜。經說法。取此擇彼。問故觀宜。以人之有黑者有不黑者正黑人。與以有愛人者有不愛人者正愛人是孰宜。

從同中挑出異的部分。是「取此擇彼。」研究他爲甚麼異。是「問故觀宜。」玻璃杯瓷杯同裝冰水。何故一個結露。一個不結露。玻璃杯銀杯同裝冰水雖然都結露何故一個結得快結得多一個結得慢結得少要問其故。觀其宜。

(三)同異交得法

經同異交得知有無。（經說譌誤不可讀）

這一條經說共有九十一個字。在經說中算是最長。但錯得不成話。我絞了幾日腦漿。到底無法讀通。如此要緊的一條。偏偏遭這個阨。不獨我國古籍之不幸。實是全世界學術界之不幸了。但據經文這七個字。用穆勒的方法解他意思。也可以略明。「有無」像是很容易知道。其實不然。非用同異交得之法。往往不能辨別有無。所以。因明學講『同品定有性。異品徧無性。』例如結露的現象。凡屬本體比周圍空氣較冷之物體皆定有。何以故。同品故。反是者徧無。何以故。異品故。此處有無兩字。就是『大故有之必然小故無之必不然』之有無。

歸納的五種方法。墨經中有了三種。其實共變法不過求異法的附屬。求餘法不過求同法的附屬。有這三種已經彀了。同異等字義既已解釋明白。於是小取篇論「推」的那條也可以解了。

『以類取。以類予。』

『推也者以其所不取之同於所取者予之也。是猶謂他者同也。吾豈謂他者異也。夫物有以同而不率遂同。』

經說云。『有以同。類同也。』此文說『物有以同而不率遂同』者。謂不必全部分皆同。只要將「有以同」的部分分出「類」來。就可以「推」了。推的方法。是『以類取以類予。』取是舉例。予是斷定。何謂以類取。看見玻璃杯在這種條件之下結露。玻璃窗墨盒樹葉都是在這種條件之下結露。凡屬同條件的都引來做例證。便是「以類取」。何謂以類予。把同類的現象總括起來下一個斷案。說道『凡傳熱難散熱易本體比周圍空氣較冷的東西和那含水分太多遇冷物變成液體的空氣相接觸。一定要結露。』便是「以類予」。「所不取者」猶言所未取者。玻璃杯裝冰水曾經試驗過。便是「所取者」。銀碟裝埃士忌廉未曾試驗過。便是「所未取者」。因爲銀碟裝埃士忌廉「同於」玻璃杯裝冰水。所以就把同一的斷定給他。說他也要結露。這便是『以其所不取同於其所取者予之。』這就是『以所明正所不知。』這就是歸納。『是猶謂他者同也吾豈謂他者異也』者。說是既用歸納法推得這個斷案。我若舉不出反對證據。我便不能持異論了。

以上把墨辯的七法講完。墨家論理學的全部也算講完了。這部名著。是出現在阿里士多德以前一百多年陳那以前九百多年倍根穆勒以前二千多年。他的內容價值大小。諸君把那四位的書拿來比較便知。我一隻字也用不著批評了。只可惜我們做子孫的沒出息。把祖宗遺下的無價之寶。埋在地窖子裏二千年。今日我們在世界文化民族中。算是最缺乏論理精神缺乏科學精神的民族。我們還有面目見祖宗嗎。如何纔能彀一雪此恥。諸君努力啊。

六　其他科學

墨經中言其他科學者尚多。今各舉數條爲例。

(一)形學

近年學者漸漸研究墨經。多半從形學方面引出興味來。經中講形學的有十多條。先明白他的特別用語。然後可讀。略舉如下。

1 兼——全量
2 體——部分
3 端——點
4 尺——線
7 倍——加
8 損——減
9 攖——交
10 仳——比例

5 區‖面　　11 盈‖容積

6 厚‖體　　12 次‖排列

【經】體。分於兼也。【經說】體。若二之一尺之端也。

這是幾何公理講的『全量大於其分。』『全量等於各分之和。』二爲一之全量。一爲二之部分。線爲點之全量。點爲線之部分。

【經】端。體之無序而最前者也。

這是說點爲一切形之始。

【經說】尺前於區而後於端。

這是說有點而後有線。有線而後有面。

【經】厚。有所大也。【經說】厚。區無所大。

這是說體有容積。面無容積。

【經】盈。莫不有也。【經說】盈。無盈無厚。

這是說有容積纔成體。容積要點線面體俱備。故說『莫不有。』

【經】攖。相得也。【經說】攖。尺與尺俱不盡。端與端俱盡。尺與端。或盡或不盡。兼攖相盡。體攖不相盡。

這是說點線等相交之異同。

【經】仳。有攖有不相攖也。【經說】仳。兩有端而后可。

這是說有了定點纔能比例。

經次無間而不相攖也。經說次無厚而后可。

這是說形之排列意義未明。

經倍為二也。經說二尺與尺俱去一得二。

這是說部分合為全量。以線加線。去了一線。這線之大卻比前加倍。

經損偏去也。經說損偏去也者兼之體也。其體或去或存謂其存者損。

這是說全量析為部分。

經平同高也。

經中同長也。經說中自是往相若也。

經直參也。

經圜一中同長也。經說圜規寫交也。

經方柱隅四雜也。經說方矩見交也。

這是釋方圓平直正的定義。

墨子年代在歐几里得之前。經中論形學各條。雖比不上幾何原本的精密。但已發明許多定理。

(二)物理學

經有間中也。間不及旁也。櫨間虛也。

這是說凡物質皆有孔隙。

【經】堅。相外也。【經說】堅。異處不相盈。相非（排同）是相外也。

這是說凡物之有質礙者皆在空間占一位置不能並時並處與他質礙相容。

【經】非半不斮則不動。說在端。

這是說物質不滅雖析之極微仍在。

【經】力。形之所以奮也。

這是說力之運動爲萬有之本原。

【經】正而不可搖。說在轉。【經說】正。凡無所處而不中縣轉也。

這是說圓球縣轉於空中隨處皆爲中心。

【經】均之絕否。說在所均。【經說】均。髮均縣輕重而髮絕。不均也。均。其絕也莫絕。

這是說重力相等之理。

【經】始。當時也。【經說】始。時或有久或無久。始當無久。

這是說時間觀念可以剖析至極微雖「無久」仍不失爲時。時間之「始」等於空間之「端」。

【經】止。以久也。【經說】止。無久之不止若矢過楹。有久之不止若人過梁。

這是說空間時間觀念都不是絕對的。

【經】景不徙。說在改爲。【經說】景。光至景亡若在盡古息。

這是說凡目所見的現象，不是原來的，

此外說光學重學的尚有多條，不具引。

(三)經濟學

經買無貴說在反其賈。經說買刀糴相爲賈。刀輕則糴不貴，刀重則糴不賤。王刀無變，糴有變。歲變糴，則歲變刀。

經買宜則讎說在盡。經說盡也者盡去其所以不讎也，其所以不讎去則讎，正賈也。

這兩條都是說價值之原理。

此外講心理學倫理學政治學的，都很多。我新著一書名墨經校釋，各條都有詳注，可以參考。

古書頗言墨子製造技巧之事，如『以木爲鳶飛三日不集』等類（韓非子外儲說 淮南子齊俗訓）其信否雖不敢斷言，但墨經既如此注重科學，則工藝上之有所發明，乃當然之結果。本書第十四十五兩卷有備城門至雜守凡十一篇，皆墨子與禽滑釐問答，專論守禦之法，其中關於建築製造之技術甚多。此十一篇名詞古奧，文義艱深，其難讀與墨經等，雖不能盡索解，但因此可以見墨家科學之一斑了。

第八章　結論

自漢以後，墨學算是完全滅絕了。但在戰國時，其學實極光大，所以孟子說，『楊朱墨翟之言盈天下，天下之言，不歸楊，則歸墨。』（滕文公上）韓非子說，『世之顯學，儒墨也。』（顯學篇）呂氏春秋說，『孔墨徒屬彌衆，弟子彌豐，充滿天下。』（尊師篇）又說，『孔墨之後學，顯榮於天下者衆矣，不可勝數。』（當染篇）直至漢初，凡舉古聖賢，猶以孔墨並稱古代墨學之普及可以想見了。因爲其學既盛行。而且最有特色。故諸家批評之論亦獨多。今略舉之。

孟子云。

墨子兼愛。摩頂放踵利天下爲之。（告子下）

楊氏爲我。是無君也。墨氏兼愛。是無父也。無父無君。是禽獸也。（滕文公上）

孟子以距楊墨爲職志。他說的『摩頂放踵利天下爲之』卻眞能傳出墨子精神。不是罪案倒是德頌了。但他說兼愛便是無父。因此兼愛便成了禽獸。這種論理學。不知從那裏得來。

荀子云。

墨子有見於齊。無見於畸。有齊而無畸。則政令不施。（天論篇）

墨子蔽於用而不知文。……由用謂之道盡利矣。（解蔽篇）

不知壹天下建國家之權稱。上功用大儉約而僈差等。曾不足以容辨異縣君臣。然而其持之有故。其言之成理。足以欺惑愚衆。是墨翟宋鈃也。（非十二子篇）

大有天下小有一國。必自爲之然後可。則勞苦耗顇莫甚焉。……何故必自爲之。爲之者役夫之道也。墨子之說也。（王霸篇）

墨子之言昭昭然爲天下憂不足。夫不足非天下之公患也。特墨子之私憂過計也。……天下之公患。亂傷之也。胡不嘗試相與求亂之者誰也。我以墨子之非樂也。則使天下亂。墨子之節用也。則使天下貧。非將墮之也。說不免焉。墨子大有天下小有一國。將蹙然衣麤食惡。憂戚而非樂。若是則瘠。瘠則不足欲。不足欲則賞不行。

墨子大有天下。小有一國。將少人徒。省官職。與百姓均事業。齊功勞。若是則不威。不威則罰不行。賞不行則賢者不可得而進也。罰不行則不肖者不可得而退也……則能不能不可得而官也。若是則萬物失宜。事變失應。……（富國篇）

人不能不樂。樂則不能無形。形而不爲道則不能無亂。先王惡其亂也。故制雅頌之聲以道之。使其聲足以樂而不流。使其文足以辨而不諰。使其曲直繁省廉肉節奏足以感動人之善心。使夫邪汙之氣無由得接焉。此先王立樂之方也。而墨子非之奈何。……（樂論篇）

荀子的批評比孟子結實多了。荀子第一件反對墨子的兼愛。說他『有見於齊無見於畸。』說他看見人類平等的方面。忘卻他不平等的方面。確能中墨子之病。但荀子自己卻是「有見於畸無見於齊」。他認『容辨異縣（同懸）君臣』是社會組織唯一要件。全是爲階級觀念所束縛。見地實遠在墨子下了。第二件反對墨子的實利主義。說他『蔽於用而不知文。』也確能指出墨學偏激的地方。第三件反對墨子的非樂。就是『蔽於用而不知文』的證據。審美觀念低減到零度。這確是墨學失敗最大原因了。第四件反對墨子的節用說。因此『賞罰不行事變不應。』雖也是從人類本性立論。所說並非甚謬。但未免利用人類缺點。不如墨學之純潔。要之荀子是代表小康派儒家學說與墨學恰成正面之敵。故其所論駁往往搔著癢處。至其孰是孰非。則學者自判斷之可耳。

漢司馬談云。

墨者儉而難遵。是以其事不可偏循。然其彊本節用。不可廢也。……夫世異時移。事業不必同。故曰儉而難遵。

要其彊本節用則人給家足之道也。史記太史公自序談是道家者流此論頗公平謂其「難遵」謂其「不可徧循」不失折衷態度惟以强本節用盡墨學不能舉墨學要領。

後漢王充云。

墨家之議右鬼以爲人死輒爲神鬼而有知能形而害人故引杜伯之類以爲效驗儒家不從以爲死人無知。不能爲鬼……事莫明於有效論莫定於有證空言虛語雖得道心人猶不信……夫論不留精澄意苟以外效立事是非信聞見於外不詮訂於內是用耳目論不以意議也夫以耳目論則以虛象爲言虛象效則以實事爲非是故是非者不徒耳目必開心意墨議不以心而原物苟輕也信聞見則雖效驗章明猶爲失實……雖得愚民之欲不合知者之心蓋墨術所以不傳也。論衡薄葬論

墨家之議自違其術其薄葬而又右鬼……夫死者審有知而薄葬之是怒死人也……如以鬼非死人則其信杜伯非也如以鬼是死人則其薄葬非也術用乖錯首尾相違。同上

墨家薄葬右鬼道乖相反……以一況百而墨家爲法皆若此類也廢而不傳蓋有以也。論衡案書篇

充此論不從主義上批評專從方法上批評所言極有價值墨家論事理最重證驗是他的特長然證驗僅恃衆人耳目之實有時或與眞理適得其反『議不以心而原物』墨學的長處在此短處也在此又論理學是墨學成立一種利器但墨家對此學之應用卻往往不能圓滿充所指摘薄葬與明鬼矛盾一節在墨家固有辭以辯解因墨家所尊之鬼必其生前主張節用者則死而薄葬之鬼必不怒然以常識論之已覺矛盾此外如旣主張

平等主義。又說『尚同而不下比』。既主張樂利主義。又要非樂。既提倡宗教思想。卻不言他界來生。這都是矛盾地方。充以此爲墨術不傳之原因。確爲正論。

古今論墨子最好的莫如莊子天下篇。今全錄其文以當結論。

不侈於後世。不靡於萬物。不暉於度數。以繩墨自矯而備世之急。古之道術有在於是者。墨翟禽滑釐聞其風而說之。爲之大過。己之大順。作爲非樂。命之曰節用。生不歌。死無服。墨子氾愛兼利而非鬭。其道不怒。又好學而博不異。不與先王同。毀古之禮樂。黃帝有咸池。堯有大章。舜有大韶。禹有大夏。湯有大濩。文王有辟雍之樂。武王周公作武。古之喪禮。貴賤有儀。上下有等。天子棺槨七重。諸侯五重。大夫三重。士再重。今墨子獨生不歌。死不服。桐棺三寸而無槨。以爲法式。以此教人。恐不愛人。以此自行。固不愛己。未敗墨子道。雖然。歌而非歌。哭而非哭。樂而非樂。是果類乎。其生也勤。其死也薄。其道大觳。使人憂。使人悲。其行難爲也。恐其不可以爲聖人之道。反天下之心。天下不堪。墨子雖獨能任。奈天下何。離於天下。其去王也遠矣。墨子稱道曰。昔者禹之湮洪水。決江河而通四夷九州也。名山三百。支川三千。小者無數。禹親自操橐耜而九雜天下之川。腓無胈。脛無毛。沐甚雨。櫛疾風。置萬國。禹大聖也。而形勞天下也如此。使後世之墨者。多以裘褐爲衣。以跂蹻爲服。日夜不休。以自苦爲極。曰。不能如此。非禹之道也。不足謂墨。相里勤之弟子。五侯之徒。南方之墨者。苦獲己齒鄧陵子之屬。俱誦墨經。而倍譎不同。相謂「別墨」。以堅白同異之辯相訾。以觭偶不仵之辭相應。以巨子爲聖人。皆願爲之尸。冀得爲其後世。至今不決。墨翟禽滑釐之意則是。其行則非也。觭將使後世之墨者。必自苦以腓無胈脛無毛。相進而已矣。亂之上也。治之下也。雖然。墨子眞天下之好也。將求之不得也。雖枯槁不舍也。才士也夫。

附錄一　墨者及墨學別派

呂氏春秋云。『孔墨弟子。充滿天下。』尊師篇今孔子弟子。因史記有專傳。其名傳於後者甚多。墨子弟子。世幾莫能舉其名。孫詒讓云『彼勤生赴死以赴天下之急。而姓名澌滅與草木同盡者。殆不知凡幾。嗚呼悕矣。』詒讓著墨子傳授考。集本書及先秦諸子所紀。凡得墨子弟子十五人。再傳弟子三人。三傳弟子一人。治墨術而不詳其傳授系次者十三人。雜家四人。其扶微闡幽之志。洵足多也。今據之製墨者人表如左。參看墨子閒詁墨語上之三

- 禽滑釐 —— 許犯 —— 田繫（三傳）
  - 許犯 —— 索盧參（再傳）
- 高石子
- 高何
- 縣子碩
- 公尙過
- 耕柱子
- 魏越
- 隨巢子（著書六篇）
- 胡非子（著書三篇）—— 屈將子（再傳）
- 管黔敖
- 高孫子
- 治徒娛
- 跌鼻
- 曹公子
- 勝綽

墨子
- 彭輕生子
- 孟山
- 弦唐子

以上墨子弟子

- 田俅（鳩）（著書三篇）
- 相里勤（南方墨者三墨之一）——五侯子
- 相夫氏（三墨之一）
- 鄧陵氏（南方墨者三墨之一）
- 苦獲（南方墨者）
- 已齒（同上）
- 我子（著書二篇）
- 纏子（著書一卷）
- 孟勝（墨家鉅子）——徐弱
- 田襄子（墨家鉅子）
- 腹䵍（墨家鉅子）
- 夷之
- 謝子
- 唐姑果
- 鄭人翟

以上傳授系次無考

右表古書中直接以「墨者」名者盡於是矣。雖然，自墨子卒後以迄戰國之末，其受墨學影響而卓然成為大師者猶大有人在。

第一、宋鈃

荀子非十二子篇以墨翟宋鈃並稱，則鈃與翟同一學系甚明。鈃卽孟子書中之宋牼，或又卽莊子逍遙遊篇之宋榮子。其學說概略見於莊子天下篇荀子正論篇。孟子尊稱之爲「先生」，荀子稱之爲「子宋子」，又言其「聚人徒立師學」。（俱見正論篇）知必爲當時一大師矣。天下篇稱其主張『人我之養畢足而止』，與墨子經濟學說之根本觀念正同。又稱其『見侮不辱，救人之鬬，禁攻寢兵，救世之戰』，亦純是墨家宗旨。孟子記其說秦楚罷兵，謂『我將言其不利』，正合墨家實利主義。天下篇又言『彼以爲無益於天下者明之不如其已』，更是極端的實利主義口吻。正論篇述其言，謂『知見侮之爲不辱則不鬬矣』，此純是托爾斯泰之「無抵抗主義」，視墨子之非攻而主張自衞者，又進一層矣。

第二　尹文

莊子天下篇以宋鈃尹文並稱。宋鈃旣屬墨系，則尹文當亦然。公孫龍子跡府篇呂氏春秋正名篇，皆述尹文論「見侮不辱」之義，益可證文與鈃確爲同派。彼作爲華山之冠，表上下平，亦近墨子之平等主義。但今本尹文子二篇，對於儒墨並有詆譏，其論皆名家法家言，是殆從墨學一轉手者。

第三　許行

許行學說僅見孟子，其並耕主義，蓋受墨子經濟思想之影響。『其徒數十人皆衣褐，捆屨織席以爲食』，亦宗墨子之『以自苦爲極』。

第四　惠施

第五　公孫龍

第六魏牟

惠施公孫龍皆所謂名家者流也。而其學實出於墨。莊子天下篇云。『墨者俱誦墨經。而倍譎不同。相謂別墨。以堅白同異之辯相訾。以觭偶不仵之辭相應。』墨經言名學過半。而施龍辯辭亦多與經出入。天下篇舉惠施推論十事。而歸宿於『氾愛萬物天地一體。』公孫龍亦嘗勸燕昭王偃兵。可見兩家皆宗墨學。胡適謂天下篇所謂『別墨』卽施龍一派。可謂特識。其詳具見適所著書。不備引。

荀子非十二子篇首舉它囂魏牟二人學說。今皆失傳。然據列子仲尼篇。魏牟爲公孫龍辯護七事。則牟蓋龍之信徒。然則牟亦可入「別墨」矣。

先秦書多儒墨對舉。漢人亦以儒俠對舉。史記所謂『儒以文亂法。而俠以武犯禁』是也。墨氏之教。『損己而益所爲。』（去聲）『爲身之所惡以成人之所急。』淮南子謂『墨子服役者百八十人。皆可使赴火蹈刃。死不旋踵。』新語謂『墨子之門多勇士。』然則戰國末年以逮漢初。其游俠傳中人物。皆謂之「別墨」可也。

今綜合以上所論述。擬爲墨學派別表如下。

墨學
- （一）正統派
  - （甲）直系　禽滑釐孟勝等
  - （乙）著述家　胡非隨巢等
  - （丙）部分實行家　宋鈃等
- （二）別派
  - （丁）法家　尹文等
  - （戊）名家　惠施公孫龍等
  - （己）無政府主義　許行
  - （庚）游俠家

附錄二　墨子年代考

史記既不爲墨子作專傳．孟荀列傳末數語．於墨子年代．亦僅作傳疑之辭．後人無徵焉．晚淸以還．學者始從事考證．而論益歧出．畢沅據非攻中篇言中山之亡．則謂墨子至周赧王二十年（西紀前二九五）猶存．果爾．則墨子與孟子同時．安有是理．孫詒讓據道藏本校正畢本誤文．此說不辯自破矣．（墨子間詁卷五第四葉）孫氏作墨子年表．大段不謬．但其據親士篇言吳起之死．則謂墨子至周安王二十一年．（西紀前三八一）猶存．此亦不確．胡適謂墨子決不及見吳起之死．諒矣．（中國哲學史大綱一四六葉）然胡氏謂墨子生年約當孔子卒前二十年．其卒年約當吳起死前四十年．則又失之太前．以吾所考證則如下．

墨子生於周定王初年（元年至十年之間）（西紀前四六八至四五九）約當孔子卒後十餘年．（孔子卒於前四七九）

墨子卒於周安王中葉（十二年至二十年之間）（西紀前三九〇至三八二）約當孟子生前十餘年（孟子生於前三七二）

右所考證．專以墨子所曾交接之人爲根據．參伍其年代以求之．

墨子所曾交接之人．其年代可推求者．

（一）公輸般

（二）魯陽文君

（三）楚惠王

（四）宋子罕

(五)齊太王田和

(六)告子

公輸般年代雖難確考。然據檀弓稱季康子之母死。般請以機封。其時般年最幼亦當十七八。季康子母卒年無考。然康子卒於魯哀廿七年。(前四七〇)其母卒必在前。則般必生於魯哀初年。(最遲當生於西紀前四九〇年)假定彼造雲梯攻宋時。約五十歲內外。其時墨子弟子已有禽滑釐等三百餘人。則墨子最少亦當在三十歲內外。今假定墨子少於公輸般二十歲。則生年當在周定之初。若謂墨子與般年相若或更長於般。則必不能與田和相及矣。

魯陽文君卽國語楚語之魯陽文子。據賈逵國語注(文選注引)高誘淮南子注皆云卽司馬子期之子公孫寬。據左傳哀十六年。寬爲司馬。卽孔子卒之年也。既任爲司馬。則最幼亦當在弱冠以上。然據本書魯問篇魯陽文子與墨子語。謂鄭人三世弑君。考墨子時。鄭哀公幽公繻公確是三世被弑。惟繻公之弑。當周安王六年。(前三九六)上距魯哀十六。已八十四年。孫詒讓因其與公孫寬年代不相及。因改三世爲二世。其實幽公之弑。上距寬爲司馬時亦已六十餘年矣。若此則寬非惟不能見繻之弑。恐並不及見幽之弑。竊謂魯陽爲寬封邑。固無可疑。然文子未必卽寬。安知其不爲寬之子孫。孫氏據漢人之注以改先秦古書。甚非當也。墨子既及見鄭繻之弑。且弑後三年。與文子談其事。(據魯問篇)則西紀前三九三年猶存。胡氏謂其死在前四二五年左右。必不確。

楚惠王在位五十七年。卒於周考王九年。(前四三二)墨子曾獻書惠王。王以老辭。獻書當是墨子三四十歲時事。

史記鄒陽傳『宋信子罕之計而囚墨翟。』呂氏春秋召類篇高注『子罕殺昭公。』考宋昭公被弑在周威烈王二十二年。(前四〇四)若如胡氏說墨子卒於威烈初年。則與子罕執政不相及矣。

墨子見齊太王事見魯問篇。太王必爲田和。殆更無辯難之餘地。胡氏因欲强將墨子年代移前。乃謂太王未必卽田和。卽使是田和亦未必可信。舉莊子書中莊周見魯哀公爲例。殊不知莊子多寓言。誠不能一一據爲事實。墨子則安可援彼爲例。且「哀公」容或爲他公之訛。「太王」更不能爲他王之訛。姜齊諸君未有稱王者。若「太王」爲他王之訛。則其人只有更在田和後耳。至孫氏謂墨子見和必在和列爲諸侯以後。因推定周安王十六七年墨子猶存。則又太拘。和列爲諸侯之時。亦並無王號。更無「太王」之號。云「太王」者自是後人追述之詞。例如孔子見魯哀公。豈見時已號「哀公」耶。故墨子必曾見田和。自無可疑。然和自周威烈王十五年。卽已繼田莊子執齊政。越十八年乃列爲諸侯。墨子見彼未必不在此十八年中也。特胡氏謂墨子卒於威烈十年以前。則與和不相及。決不可通耳。（胡氏謂魯問篇爲後人所輯不足信。試問墨子全書何篇非後人所輯。公孟公輸等篇其非墨子自作。亦與魯問等耳。可謂公孟公輸與墨子談話皆不足信耶。魯問篇見齊太王事不足信。然則魯陽文君公尙過吳慮魏越諸人與墨子語者。其又足信否耶。又胡氏不信非樂篇。因篇中屢用『是故子墨子曰爲樂非也』一句。此亦大誤。自尙同至非命十篇中。何篇不有『子墨子曰』。然則此十篇皆不可信耶。胡氏不輕信古書。原是好處。但疑古未免太勇耳。）

孫氏又以非樂篇述『齊康公興樂萬』。因推定齊康卒時。（西紀前二九二）墨子猶存。此又太過。「康公」容或爲他公之訛。蓋康公時齊公室微弱已極。決不能如此侈麗也。卽曰不訛。亦安見其然。康公在位二十六年。「興樂萬」安見其非早年事。不能引爲墨子後死於康公之證也。

胡氏引呂氏春秋述墨者鉅子孟勝爲陽城君守死事。因其時已有鉅子。證明墨子已死。可謂卓識。但必謂其時距墨子死將四十年。未免武斷。墨子死後一二年。「鉅子」便可發生。豈必久哉。

汪中據非攻下篇『唐叔呂尙邦齊晉今與楚越四分天下』。推定墨子時代『全晉三家未分。齊未爲陳氏。』

此誠近理。然墨子壽甚高。此或其早年之言耳。且以吾所推定。墨子卒於周安王八年至十七年間。其時魏韓趙及田齊雖列爲諸侯。然晉靜公齊康公固猶擁虛號。則唐叔呂尙之祀。固未絕。與非攻篇所言不相忤也。

公孟篇記墨子與告子語。而告子又曾與孟子論性。參合兩書言論。其爲一人無疑。孫氏據趙歧孟子注謂告子曾學於孟子。疑其年代不相及。因謂當是二人。今案孟子本文。無以證明告子爲孟子弟子。非惟不是弟子。恐直是孟子前輩耳。依孫氏所推定。謂墨子及見齊康公之卒。則下距孟子生不過三年。告子得並見二人。殊不爲奇。卽如吾所推定。墨子卒下距孟子生亦不過十餘年。則以弱冠的告子得上見晚年的墨子。以老宿的告子得下見中年的孟子。年代並非不相及。因此一人。轉足以定墨子年代之距離聯絡也。

要之墨子之生。最晚不能幼於公輸般三十歲。（公輸般之生最晚亦當在孔子卒前十年）墨子之卒。最早不能早於鄭繻公被弑之後三年（前三九〇）最晚不能晚於吳起遇難之年。（前三八一）卒年既大略考定。持以上推其生年。使墨子老壽能如子夏者。則亦可上逮孔子也。

本篇曾以示胡君適之。適之復書商榷。其論亦有相當的價値。今不具錄。他日適之著述中若再及此問題。或當附見。願讀者比而裁之也。

啓超附識

附錄三　墨經通解敍

臨桂張子武許友以死。死之後。其僚壻瞿兌之宣穎迎其喪於南陽。發其遺篋。則手書致余一札。赫然在焉。泥封未施。緘題猶潤。文曰「任公先生賜鑒。闊別兩年。馳仰深至。春間聞有內腎之疾。割去其一。旋復康愈。驚恐之餘。彌爲歡躍。比想講學清華。光輝篤實。韜而彌顯。爲道履慶。更爲士林幸也。鍠治軍從政。兩者無成。晚惜居諸。更理舊業。鑽研墨經。已歷四年。凡五易稿。成通解五卷。晚近此書爲時髦學問。著述多家。然略加流覽。如適之。行嚴。多屬望文。惟尊著校釋。可謂根實茂多。獨見之明。其有未詳。頗加補正。茲專人攜稿呈閱。乞加糾繩。並賜一敍。茫茫禹域。恐二千年來。先生而外。無能敍此書者也。凡苦心孤詣。具於篇中。覽之自悉。無煩更白。昔太冲三賦。成名士安。鍠愧士安。案當爲太冲或左公二字筆誤公過皇甫。宏獎所及。羽翼頓生。若夫妙契之間。所謂相視而笑。莫逆於心者。或亦可於中遇之。此亦非假竊重名。以爲標榜也。又大取篇久不能讀。略事整理。頗覺改觀。衡其意義。既得貫串。遺說墜緒。且資發明。亦請別予評論。使可知其得失。小取發注而未成。容更承教。羈於軍牘。面對尚遙。謹陳所發。用代請益。臨書不盡懸切。敬請撰安。百惟亮察。張其鍠拜啓。四月二十四日」子武之草此札。在其死之前一月有餘。札達我手。則死後且五閱月矣。未命殷拳。楹書相託。而尺波代謝。蘁劍空酬。誦劉孝標追答秣陵之篇。其泫然不知涕之何從也。余初識子武。在癸丑之冬。時因廣東喪亂之後。濫幣充斥。余職責所在。思得人爲理。聞子武賢。建議當軸。將以禮羅俾尹粵政。其間數數相見。所譚皆當世之務。相懸契者十而七八。敬其通達明決。嘗以比漢晁錯宋陳亮。蓋以文人而曉暢軍事。以儒者而具綜理密微之法家精神。在並世人才中。未見其比也。癸亥秋冬間。再相見於天津。則專爲學術譚。譚竟夕。子武舉似其治莊子所心得。謂外篇實內篇之傳注。戰國末葉乃至西漢初治莊學者之所爲。歷指某某等篇注逍遙游。某某等篇注齊物論。如是乃至內篇七篇中之某段。其解釋在外篇某篇之某段。其雜篇則內篇之通釋或廣釋。時代先後亙不一。最早者或周手著。最晚者或與淮南同時。凡所推論率從思想系統演進上及文體變遷上互證。什九皆翔論。而犂然悉有當於吾心。語次及墨經。則糾舉拙著校釋中謬語若干事。於時流所論疏亦多加箴發。吾於是始悔曏昔所知者不足以盡子武。僅知其爲才士而不知其爲學人也。子武瀕別爲余言。世難稍定。得閉戶覃精數歲。當成一二書以靖獻於學界。別之逾年。余遘亡妻之喪。子武方贊軍幕。赴前敵。排百忙來弔。彼此匆匆慰沫數語。後遂不復相見。四年以來。子武日左右其友轉戰南北數千里。起且仆。仆且赴者再三焉。夏間凶耗布達。國中無論其友其敵。皆痛惜時艱中失此俊才。余則別有感慨。以不獲覩其成書爲長恨。萬不料此五卷之墨經通解。已褎然寫定。且既緘鐍以付余手也。墨子之難讀久矣。其中經上下經說上下大取小取六篇尤譌舛不可理。二千年來。惟晉魯勝曾爲之注。顧已久佚。不復能知其所斠詮者何若。清中葉以降。古學復興。畢氏（沅）闢蠶叢於前。孫氏（詒讓）濬畎澮於後。於是七十一篇中可成誦者十之六七。獨此六篇者。函義奧邃。賦詞簡古。蓋自漢唐以前。傳寫顚倒錯誤。重以妄人奮臆鉤乙。如天吳紫鳳。舊繡坼移。俗工鍼線。復往往羼棼於其間。既無善本可供對讎。（子武大取篇斠注自序述與蔣孟蘋語墨子古本謂即得唐鈔亦無用蓋墨子舛亂在自木簡轉寫縑素時而篆文草體形似譌云云信然）而思誤之適爲道大險。稍有所蔽。武斷增惑。坐令讀者展卷。以指畫肚。如箝在口。咄咄而已。張氏（惠言）爲經說解。實魯勝以後一絕業。繼此則王氏（念孫）兪氏（樾）以其獨擅之訓詁校勘術。治先秦遺籍。往往是正前讀。如撥重霧。其於此經得創解者蓋十數條。吾鄉先達鄒（伯奇）陳（澧）兩先生以西來之數學幾何學力學相溝會懸證。爲讀此經者闢一新涂徑。所得亦十數條。此諸家說類已爲孫詒所採。（與孫詒先後成書者有王氏闓運注於經說文義亦多所盩訂然王氏治學與乾嘉諸師異其家法可采者蓋希）孫詒既布於世。予治墨學者以莫此興奮。而餘篇既漸曉暢可讀。葘畬待治者惟經說等六篇。六篇遂如子武所謂時髦學問。章氏（炳麟）治印度唯識學。時引經義以闡識相。雖未嘗作專釋。而每有所詁。皆談言微中。胡氏（適）章氏（士釗）好引近代歐洲哲學家言相緣飾。其自樹新義亦都數十事。復有張氏（純一）欒氏（調甫）伍氏（非百）各各有所論列。欒氏標舉不多。而所抒皆獨見無蹈襲。伍氏則整然爲一有系統的組織。而啓超亦於十年前裒集曩昔筆記於卷端者爲墨經校釋二卷。與諸君之書先後相劘錯。（尚有山西邢君一峕偶忘其名什九引幾何學物理學相緣附未敢苟同）此實清中葉以來關於墨經學演進形勢之大凡也。要而論之。治此經者有二善術。而二蔽緣焉。此經因傳寫之値亂及訛謬太甚。若拘拘焉望文生義。則必有「舉燭尚明」「孝經八十宗」之失。故宜以大膽運銳眼力求本來面目於今本行墨之外。雖然。此其爲道至危。必須通識古字古言古誼及古書格式等。持敬愼態度。以意逆志。其有移乙。如不得已。庶幾無過。稍掉以輕心。則指鹿爲馬。移張冠李。厚誣作者。治絲益棼。此一善而一蔽也。此經所闡道術及藝能。內容至豐。而其條緒什九中絕於秦漢以後。以二千年來溝猶瞀儒之腦識詮之。始終不可索解。故先須精曉當時方術之流別。深察作者思想之淵源。然後絜領振裘。引竅批窾。能以無厚入有閒。時或引申觸類。借材於域外之學以相發。亦可有意外㼌獲。雖然。標異太過。任情塗附。則以鑿汩智。求深益晦。其失又不止如啖趙之狎侮仲尼。荆舒之唐突倉頡而已。此二善而二蔽也。善之與蔽。若形影隨。操術趣舍。遂成兩難。故前賢與時彥。用力雖劬。而得失功罪正爾均半。即如拙著。子武阿好。謬推善本。而每一覆閱。覺武斷鑿解。宜自撾責者已不下十數事。諸家同病。抑可推矣。子武此書殺青最後。徧覽衆家。棄短取長。（欒伍書似未之見）傅以精思。乃成嫩善。凡所新獲。略可言焉。自魯勝合彼六篇。錫名墨辯。近人或以經文全部與印之因明歐之邏輯同視。子武以爲經上言辯不過十條。經下稱是。經說雖往往應用辯術。然並非以釋辯爲主。若事事與因明邏輯相傅會。或反有削趾適屨之虞。故正名使無嫌疑。部居使無雜廁。此其一。經文成立年代較近漸成問題。或謂全部出墨子手著。或據莊子別墨一語。謂出惠施輩之手。子武從文體上及思想系統上觀察。推定經上爲墨子自著以授弟子。經說上則弟子述口說或參己意以爲詮解。而後人附益亦有數條。經下及經說下則經與說成於一時。或且同出一手。而年代較晚。此其二。經讀旁行寫分兩列。畢張孫以降各試迻寫。冀復舊觀。子武以爲間有字多之簡。後人易寫縑素。誤析爲二。因之條數增多。而行列傎亂。上下列錯置者有之。一列之中前後閡迕者有之。故於經上援說比附及籀繹文義。重爲排比改正者將十事。經下則以譌錯太多。無從復舊。姑以各條函義之性質爲別。各以類從。俾便尋索。故將目次別寫一卷。與前賢所寫頗相逕庭。此其三。經文各條。非皆有說。其說或原闕。或後佚。不可深考。後人引說各經。銖銖而度。時蹈恐泥之嫌。不免燕說之誚。子武於無說之經。嚴爲甄別。藤蔓稍理。雲山轉明。此其四。說之首字。率牒經文。吾發明此例。頗用自喜。然守之太嚴。動成忤礙。子武以爲牒經之字不限於一。若經之首字兩條相同。則說之牒文或牒二字以爲識別。而牒經原字後代傳寫。亦不無奪落。故說之首字。非皆獨立成文。必分別觀之。例始無閡。此其五。執此五端。如綱斯舉。於是循乾嘉以來樸學大師所操之公術。就本書上下文紬繹。或取證他篇用字之例。或從篆書八分章草之字形嬗變及近似。以是正文字之脫落剗損複衍及迻寫譌謬。博證蒼雅。以來之異言異訓。詁昔誼以通今讀。使詰鞫爲病者迎刃漸解。復次則廣采近世自然科學及心理學論理學上諸理論。凡足以相發者。以類和會而印證之。凡以上諸術。固時賢治本書者所同用。而子武操之極勤熟。而運之極敬愼。故其所說不偏駁。而懸解乃獨多。二千年來不可讀之書。至是蓋什通八九。雖先輩及時賢播殖芸耔之功不可沒。而子武之勤亦云至矣。其所靖獻亦云富矣。子武治墨經既卒業。後爲大取篇斠注。察其爲墨家後「非儒」之說。於兩大宗派主要思想分化之點。剖之最瑩。得未曾有也。方欲更注小取。使其獲成。則魯勝舊詁之六篇。將曠然盡撥雲霧。嗚呼。闕此一簣。而子武已死矣。繹子武致余札。知此書在最近四年間凡五易稿。此四年者。子武蓋無一日不在軍中。以余所聞彼之軍中生活。則簿書堆案頭常盈尺。率皆猥濫無俚可憎之文字。座客自雞鳴至夜分若蠅集。不少息。大抵失意軍人。生事政客。居什八九。晡夕兩飯。則陪奉其主帥。飲惡酒。賦惡詩。强聽醫卜星相之無聊語。其所居。或在鬧市中湫隘囂塵市中之一室。或在火車上與羣趄趄者共一窗。蚊蚋蚤蝨蒼蠅蟚爬之蟲。僕緣咕嘬。如墮重圍。使余處此。將倒懸竟日不能迸一點墨瀋。而子武乃於其間成此五卷系統整嚴考證邃密不朽之大著。嘻。可謂異人也已矣。子武在政治上在軍事上。今已爲徹骨失敗之人物。或曰所事非人。宜爾。所事非人固也。然其人終不失爲伉直磊落者流。視今之以虛僞卑劣陰險博一時之成功者。似尚過之。彼既能敬子武。則子武甘爲之死而不怨。昔墨家鉅子孟勝赴陽城君之難。率其弟子八十一人死焉。陽城君何人。而孟勝乃擲其肩荷學統之軀以殉之。彼固曰。不如此非墨之道也。然則子武一死。適以證其不負生平所治墨學焉矣。丁卯仲冬晦。新會梁啓超敍。

飲冰室專集之四十

老孔墨以後學派概觀

第一節　總論

古代學術。老孔墨三聖集其大成。言夫理想。老子近唯心。墨子近唯物。孔子則其折衷也。言夫作用。老子任自然。墨子尊人爲。孔子則其折衷也。三聖以後。百家競作。各有其獨到之處。觀其一節。時或視三聖所造爲深。然思想淵源。蓋罔不導自三聖。

以流派論諸子。起於漢人。前此無有也。莊子天下篇。荀子非十二子篇。天論篇。解蔽篇。尸子廣澤篇。呂氏春秋不二篇。淮南子要略。皆臚列諸家主義學說。比較評隲。而未嘗冠以流派之名。至司馬談始標儒墨名法陰陽道德之六家。而劉氏向歆父子。更析爲儒道陰陽法名墨縱橫雜農小說之十家。命爲九流。後之言學派者多宗焉。夫對於複雜現象而求其類別。實學術界自然之要求。馬劉之以流派論諸子。不可謂非研究進步之徵也。雖然。分類之業。本已至難。而以施諸學派則尤甚。蓋前此一大師之興。全思想界皆受其影響。不必其直傳之弟子而始然也。後此一大師之興。雖淵源有所自承。而其學說內容。決不盡同於其師。苟盡同焉。則不能自成一家矣。故謂後此學派與三聖有淵源則可。謂其爲三聖所包含則不可。謂某派與某聖因緣較深則可。謂某派爲某聖之支

與流裔而截然與他聖無關則不可今爲講演便利起見仍以三聖爲綱述其流傳之緒以觀其變焉

第二節　老子所衍生之學派

老學之正統派或當推關尹列禦寇惜其著述今皆不傳僅從莊子中見其崖略其後蛻變衍生者有極端箇人享樂主義之楊朱一派有出世間法之莊周一派有自然斷滅主義之彭蒙田駢愼到一派

（一）關尹列禦寇

史記稱老子五千言乃應關尹之請而作莊子天下篇以關尹與老聃並稱則尹與老子因緣極深可想見漢志道家有關尹子九篇今佚諸子中引尹言不少而最切要者莫如天下篇謂『以空虛不毀萬物爲實』又曰『在己無居形物自著其動若水其靜若鏡其應若響』『空虛不毀萬物爲實』一語與大乘佛教之宇宙觀若合符契所謂卽空卽有也惟其如此故能無居而物自著故能動若水而靜若鏡讀此數句則後此大乘佛教何以能盛行於中國其消息可窺一斑

列禦寇鄭人年代稍後於老子嘗與關尹問答見莊子達生篇呂氏春秋審己篇今傳列子八篇乃晉張湛僞撰不可信乃或並列子其人曾否存在而疑之則太過矣尸子廣澤篇呂氏春秋不二篇並云『列子貴虛』莊子應帝王篇云『列子三年不出爲其妻爨食豕如食人於事無與親雕琢復朴塊然獨以形立……無爲謀府無爲事任無爲知主……盡其所受乎天而無見得亦虛而已矣』其用力處頗有印度之瑜伽宗其所證之深淺則不可知要之

聞老子之敎。而實地從事於脩證者也。

(二)楊朱

孟子稱『楊朱墨翟之言盈天下。天下之言不歸楊則歸墨。』莊子亦屢以楊墨並稱。（莊子徐無鬼篇稱『儒墨楊秉四與夫子而爲五』「秉」是何宗派竟無可考亦古代學術史一憾事也）則楊朱爲當時一偉大之學派自無待言。然既無著述傳世。卽荀子非十二子篇莊子天下篇徧論諸派。亦不之及。僅從孟子書中知其標「爲我」爲宗旨。呂氏春秋不二篇有『陽生貴己』一語。似卽指此人。其他各書則無徵焉。猶幸僞列子中有楊朱篇。似從古書專篇採集以充帙者。因此此一派之面目。略可窺見。

莊子兩記陽子居事。或云子居卽朱。果爾則朱乃老子弟子也。（楊朱篇又載朱與禽滑釐問答滑釐先事子夏後事墨子若楊朱卽陽子居似與禽子年代不相及）今不必深考。但通觀楊朱篇全文。則其根本觀念導源於老子。不可誣也。且老孔墨三聖在當時思想界三分天下。何以孟子不言距老墨而言距楊墨。可知當時老學實以楊朱一派爲最盛。孟子之距楊。卽所以距老也。吾幼讀孟子竊疑楊朱所標『拔一毛而利天下不爲』之主義何足以成一宗派。及讀楊朱篇。乃知彼固自有其持之有故言之成理者存。今請述其概。

『楊朱曰。……身非我有也。旣生不得不全之。物非我有也。旣有不得去之。……雖全生身。不可有其身。雖不去物不可有其物。有其物有其身。則橫私天下之身。橫私天下之物。……』

據此可見楊朱之所謂「爲我」實與淺薄之自利觀念不同。吾得名之曰『無我的爲我主義』

既已無我。何故復爲我。楊朱之言曰。

『知生之暫來。知死之暫往。故從心而動。不違自然所好當身之娛。非所去也。故不爲名所動。從性而游。不逆萬物所好死後之名。非所取也。故不爲刑所及名譽先後年命多少非所量也』

楊朱以爲苟有我之見存。則爲我固爲大愚。苟無我之見存。則亦何必不爲我。『從心而動不違自然』八字。正是楊朱學說之主腦。彼之人生觀。以返於自然狀態爲究竟目的。故曰『智之所貴存我爲貴』在自然狀態之下不加一毫修飾。則當前湧現者必爲「存我」觀念固其所耳。（荀子主張「化性起僞說」故曰『其善者僞也』僞是「人爲」凡倫理學上所謂善皆由「人爲」生如損己利物之類是也楊朱根本不承認「人爲」）楊朱既言『生暫來死暫往』則似對於暫而有久者存。對於來往而有不來往者存。（參觀楞嚴經卷二亭主之喻）然而楊朱不爾。其言曰。

『萬物所異者生也。所同者死也。生則有賢愚貴賤。是所異也。死則有臭腐消滅。是所同也。雖然賢愚貴賤。非所能也。臭腐消滅。亦非所能也。……十年亦死。百年亦死。仁聖亦死。凶愚亦死。生則堯舜。死則腐骨。生則桀紂。死則腐骨。腐骨一矣。孰知其異。』

此種極端的斷滅論。在印度歐洲哲學界中。說得如此赤裸裸的。亦屬罕見。中國諸家哲學。皆墮佛教所謂斷見。（卽死後斷滅之說）然在倫理學上尚有一義以濟其窮。則子孫觀念是也。（如易傳所謂積善之家必有餘慶積不善之家必有餘殃）楊朱則並此而破之。其言曰。

『人而已矣。何以名爲。……曰。爲死。既死矣。奚爲焉。曰。爲子孫。名奚益於子孫。』

故楊朱之人生觀，可謂徹底的斷滅主義，將人生數十年截頭截尾，來無所從，去無所宿，外無所繫，內無所主，前無所承，後無所遺，既已如此，則其結論必歸於箇人現世之快樂主義，固其所也，故楊朱曰，

『百年壽之大齊，得百年者千無一焉，設有一者，孩抱以逮昏老，幾居其半矣，夜眠之所弭，晝覺之所遺，又幾居其半矣，痛疾哀苦亡失憂懼，又幾居其半矣，量十數年之中，逌然而自得亡介焉之慮者，亦亡一時之中，樂則人之生也奚爲哉，奚樂哉，爲美厚耳，爲聲色耳，而美厚復不可常厭足，聲色不可常翫聞，乃復爲刑賞之所禁勸，名法之所進退，……重囚纍梏何以異哉，』

又曰，

『恣耳之所欲聽，恣目之所欲視，恣鼻之所欲向，恣口之所欲言，恣體之所欲安，恣意之所欲行，』

此等論調，與孔墨二家及其他之老氏後學，皆立於正反對地位，孔子告顏淵以「四勿」，墨子以自苦爲極，關尹列子愼到一派，皆宗老子『爲道日損』之訓，雖其所志之彀不同，然其以節性克己爲手段則一也，楊朱則對於此種主義爲正面的攻擊，根本的解放，若以例歐洲古代，則諸家其希伯來主義，楊朱其希臘主義也，例彼近世，則諸家其宗教改革方面的精神，楊朱其文藝復興方面的精神也，要而論之，不以「靈」的理性，檢制「肉」的情感，此楊朱哲學之最大特色也，此種哲學在社會上之利害如何，此爲別問題，然在思想自由解放之時代，必有此一派以爲之點綴，此中外學史上當然之現象，而在我國古代，則楊朱其代表也，

常人既恣肉體之享樂，則於有生常起沾戀，楊朱又不然，

孟孫陽問楊子曰，有人於此，貴生愛身，以蘄不死，可乎，曰，理無不死，以蘄久生可乎，曰，理無久生，且久生奚爲，

五情好惡。古猶今也。四體安危。古猶今也。世事苦樂。古猶今也。……既聞之矣。既見之矣。既更之矣。百年猶厭其多。而況久生之苦也乎。孟孫陽曰。若然。速亡愈於久生。則踐鋒刃。入湯火。得所志矣。楊子曰。不然。既生則廢而任之。究其欲以俟於死。……何遽遲速於其間乎。

此種見解。人或目為厭世主義。實亦不然。彼蓋別具一種人生觀。吾無以名之。名之曰「赤條條的」而已。

楊朱嘗為寓言。表示其理想的人格如下。

『衞端木叔者。子貢之世也。藉其先貲。家累萬金。不治世故。放意所好。其生民之所欲為。人意所欲玩者。無不為也。……及其遊也。雖山川阻險。塗徑脩遠。無不必之。……賓客在庭者日百住。庖廚之下。不絕烟火。堂廡之上。不絕聲樂。奉養之餘。先散之宗族。次散之邑里。乃散之一國。行年六十。氣幹將衰。棄其家事。都散其庫藏珍寶車服妾媵。一年之中盡焉。及其病也。無藥石之儲。及其死也。無瘞埋之資。……』

楊朱評之。謂『其所為也。衆意所驚。而誠理所取。』其所謂縱情欲者。謂必如是乃為徹底也。

楊朱以此種人生觀。施諸社會。則其結論如下。

『損一毫。利天下。不與也。悉天下奉一身。不取也。人人不損一毫。人人不利天下。天下治矣。』

此其義與伊尹之『一介不與人。一介不以取諸人。』亦無甚差別。不過極端論易駭俗耳。孟子遽謂其「無父。」擬諸禽獸。殆未免太過。

楊朱根本觀念。既在『從心而動。不違自然。』則其從老子之學。一轉手。淵源甚明。但老氏門下。如慎到一派。脩證太苦。如莊周一派。理想太玄。獨楊朱全以順應人類低級之本能為教。又值其時社會混亂。一般淺薄之厭世

觀甚盛聞其風而悅之者自衆故其言能盈天下也

後世墨學雖絕楊學卻不衰在文學中最表現此種精神如『生年不滿百常懷千歲憂晝短苦夜長何不秉燭遊爲樂當及時誰能待來茲』如『高堂明鏡悲白髮朝如青絲暮如雪人生得意須盡歡莫使金尊空對月』諸如此類徹頭徹尾皆楊朱思想而二千年來之文學則皆此思想爲之根核也夫此種極端的現世主義肉慾主義斷滅主義其損害社會之健康自無待言然在此種主義之下往往產生「畸人」超羣拔倫之文學家美術家常有帶此色彩者此又當惡而知其美也

（三）莊子

昔托爾斯泰因感於「人生無意義」幾於自殺其後得有宗教的慰仰精神生活因而復蘇楊朱一派蓋對於人生無意義之一語有痛切之感覺而此種感覺之結果則歸於斷滅自恣校其實則與自殺無以異也莊子則從無意義中求出意義謀人生心物兩方面之調和故其結論與楊朱派截然殊塗而爲後此大乘佛教之先河焉莊子學說之精神天下篇自述而自批評之其言曰

『芴漠無形變化無常死與生與天地並與神明往與芒乎何之忽乎何適萬物畢羅莫足與歸古之道術有在於是者莊周聞其風而說之……獨與天地精神往來而不敖倪於萬物不譴是非以與世俗處……彼其充實不可以已上與造物者遊而下與外死生無終始者爲友……雖然其應於化而解於物也其理不竭其來不蛻芒乎昧乎未之盡者』

人生之苦痛。皆從生活狀態之矛盾而來。肉感與靈感交戰。陷於人格分裂。苦莫甚焉。假使人類而能如禽獸除飲食男女以外。無所寄其情志。雖在此範圍中矛盾已不少。苦痛已甚多。但其苦究爲單調的。旋起旋落。可以自支。無奈人類有其固有之靈性。此一點靈性。對於吾儕之肉的生活。常取批評的態度。（其批評程度之高下淺深各不同但無論何人皆有）之。於是種種悔恨悲哀恐怖皆由此而起。而吾儕因此乃生一種向上的推求。知現實境界之外。確別有「眞我」存在。而此眞我卽爲吾儕最後安慰之所。於是有謂此眞我完全與現實境界爲二物。必脫離現境。始能與之相應者。則印度多數外道及小乘佛敎所說是也。有謂此眞我與現境非一非異。吾儕可以不捨離現境而與此眞我契合者。則大乘佛敎所說是也。而莊子之學則近於大乘者也。所謂『獨與天地精神往來。』所謂『充實不可以已。上與造物者遊。而下與外死生無終始者爲友。』皆言契合眞我之義。所謂『不傲倪於萬物。不譴是非。以與世俗處。』所謂『應於化而解於物也。其理不竭。』皆言不捨離現境之義。天下篇又言『內聖外王之道。闇而不明。鬱而不發。』莊子著書之意。將以明其闇而發其鬱。契合眞我者。內聖也。不離現境者。外王也。明此綱領。可以讀莊子。

莊子。漢志五十二篇。今存三十三篇。內篇七。外篇十五。雜篇十一。其外篇之駢拇馬蹄。雜篇之讓王盜跖說劍漁父諸篇。文體皆不類。前人多疑爲僞竄。自餘外雜諸篇。或亦非盡出莊子手。其最精粹者。則秋水山木知北遊庚桑楚徐無鬼則陽寓言諸篇。其最末之天下篇。則全書自敍。評騭一代學術。語語精絕。古籍中第一瑰寶矣。而總攝莊學之全體大用者。尤在內篇七篇。今標挈其綱領如下。

（一）逍遙遊　常人執著現實境界。終身役役。向此間討生活。卒爲矛盾狀態所縛擾。不能自拔。故莊子首破其迷其言鯤鵬之與蜩鷃與野馬塵埃之生物言朝菌蟪蛄之與冥靈大椿其小大殊量至於此極吾儕人類在無窮之宇宙間占一極么麼之位置經一極短促之年壽而弊弊然涼瀨於其間可謂大愚全篇關鍵在『小知不及大知小年不及大年』二語教人勿以小障大但又非於常識所謂大小者生比較故又以『至人無己聖人無名』二語微示眞我之端倪使人向上尋求

(二)齊物論　此篇從消極方面詮釋眞我之體相篇首南郭子綦所謂『吾喪我』卽喪其幻我卽前篇所謂『無己』幻我可喪則必有眞我明矣然此眞我非感覺所能見非名相所能形容全立於知識系統以外當時墨學別派名家者流如惠施輩亦刻意欲解決此問題然皆以知識之方式求之莊子以爲大謬故「齊物」之論謂當離卻萬有的別相卽能得其共相全篇主眼在『天地與我並生而萬物與我爲一』二語此篇所論頗似佛教之法相宗檢閱名相以顯名相也

(三)養生主　此篇略言契合眞我之境界如庖丁解牛之喻所謂『以神遇不以目視』能契合此眞我則雖在世間而得大自在全篇主眼在『安時而處順則哀樂不能入也』二語

(四)人間世　此篇極言眞理與世諦不相妨礙田子方篇云『中國之君子明乎禮義而陋於知人心』本篇所言窮極人類心理狀態之微乃言入世順應之法與夫利物善導之方其所以能得此智慧者則在『虛而待物』全篇主眼在『人皆知有用之用而莫知無用之用也』二語

(五)德充符　此篇言須有所捐棄乃有所自得所述王駘申徒嘉哀駘它等人皆形骸殘缺而得道者凡以證明眞我之在形骸外也故曰『德有所長而形有所忘』又曰『有人之形無人之情』其全篇主眼在『以

死生爲一條。以可不可爲一貫。解其桎梏』三語。質言之。卽敎人對於自己之肉體而力求解放也。

(六)大宗師　此篇言參透一切平等之理者。必不厭世。故曰『若人之形者。萬化而未始有極也。其爲樂可勝計耶』有我之見存。衆苦斯生。無我之見存。則安往而不得樂。故佛說『不畏生死。不愛涅槃』以有涅槃之心。卽有所沾戀也。莊子純是「行菩薩行」之人。故雖五濁惡世。亦以常住爲樂。篇中主眼在『其一也一。其不一也一。其一與天爲徒。其不一與人爲徒』數語。其入世應而不與俗化者。則在『知人之所爲者以其知之所知以養其知之所不知』數語。

(七)應帝王　此篇排斥政治上之干涉主義。言萬事宜聽人民之自由處置。故以渾沌鑿竅爲喩。全篇主眼在順物自然而無容私焉而天下治矣』一語。

此不過略舉梗概。其實全書多互相發明。並非每篇專明一義。要之此七篇爲全書綱領。其外篇雜篇。則皆委細證成斯理而已。治莊學者。先縣解此七篇。則讀他篇庶乎無閡也。

逍遙遊篇云『至人無己』在宥篇云『大同而無己』無己卽孔佛所言無我也。此一語可謂莊子全書關鍵。夫「我」若本有。則雖欲無之。亦安可得。旣云無我。則證知此無我者爲誰。此討論我相有無者。當前立起之問題也。故從前法國以懷疑名家之大哲學家笛卡兒。對於宇宙萬物悉皆懷疑。而謂獨有一物不容疑者曰「我」其名言曰「我思故我存」 I think, therefore I am 至今歐洲學者猶宗道之。若是乎無我之義之難成立也。莊子乃對此問題而展轉推求之曰。

『非彼無我。非我無所取。是亦近矣。而不知其所爲使。若有眞宰。而特不得其眹。可行已信。而不見其形。有情而無形。百骸九竅六藏。賅而存焉。吾誰與爲親。女皆說之乎。其有私焉。如是皆有爲臣妾乎。其臣妾不足以相治乎。其遞相爲君臣乎。其有眞君存焉……』（齊物論）

莊子意若曰「我」之名何自生耶。對「彼」而自命耳。無「彼」則「我」之名亦不立。故『非彼無我』。若是則似先有彼而後有我。然若竟無我則知有「彼」者爲誰。故『非我無所取』。若是。又似先有我而後有彼。彼我互爲因果。結局歸於兩空。兩空近之矣。然果屬頑空則彼我二覺緣何而起。故曰『不知其所爲使』。由是以思則知從前所認之我相。不過「假主宰者」耳。其必有「眞主宰者」存焉。特不能得其朕兆。故曰『若有眞宰而特不得其朕』。從前所認我相宛然在前。一若『可行己信』。然此相究竟作何形態。終不可見。則『有情而無形』也。若强求其形。則惟『百骸九竅六藏』之屬。『賅而存焉』耳。此諸體者孰爲眞我。若俱是我耶。『女皆說之乎』則「我」體分裂。若一是我而餘非我耶。『其有私焉』則曷爲部分之感覺通於全體。若云百骸之屬。不過『臣妾』。然則以何者爲君。若指心指腦爲君。心腦同是筋肉構成。何以獨能調御諸體。若謂無君。則『臣妾不足相治』。則如單細胞物及植物。並無心腦。何以能發育。若謂百體『遞相爲君臣』。則耳應時或能視。目應時或能聽。何故不爾。因此悟知常識之所謂我相。決非眞我。非眞我故等於無我。『其必別有眞君（眞我）存焉』。然則所謂「眞我」者究何物耶。莊子曰。

『天地與我並生。而萬物與我爲一。旣已爲一矣。且得有言乎。旣已謂之一矣。且得無言乎。』（齊物論）

此眞我者。離言說相。離名字相。本不應以言語形容之。特旣借一義爲衆生說法。則不得無言耳。『天地與我並生』。則無時際差別。『萬物與我爲一』。則無時際差別。此二語卽「眞我」實相。若欲灼見。當由自證。若灼見眞性。則並天地萬物等名。亦不容立。但以淺諦解釋。亦殊易明。試問我身是否爲數十種原質所合成。此諸種原質是否與天地始生同時存在。若云未始有生。則我與天地俱不生。若云有生。則天地與我並生明矣。『萬物與我爲一』之義。他篇更有至言。足相發明。曰。

『萬物皆種也。以不同形相禪。始卒若環。莫得其倫。是謂天均。』寓言

此有二義。就精魂方面論。有情之屬。含生趣生。『人死爲羊。羊死爲人。』楞嚴經語 鯀化黃熊。緩作秋柏。業種所縛。亦趣升沈。雖復殊形。實相禪也。就形態方面論。其一。若果蓏之核。易形嬗傳。前卉之精。衍爲後卉。至於動物。其例益明。應化遺傳。代代相嬗。我輩七尺軀中。不惟含有父母遺血。乃至其情性之一部分。我實受而繼之。而父母各有其父母。父母之父母。又各有其父母。如是遞推。則伏羲軒轅之精血性情。至今固猶有一部分宿於吾躬。甯得謂羲軒已死。已滅耶。不過「以不同形相禪」耳。不甯惟是。吾儕之材質性情。實舉無始以來各種動物所有者而具備之。自單細胞類至高等乳哺類。其種色皆有一部分爲我所受。人與珊瑚相去級數不可計矣。實則原種不殊。僅「以不同形相禪」耳。其二。人食衆生肉。其肉旋化人體。衆生中如虎豹蝨蚤之甘人肉者亦然。乃至食蔬穀果蓏之屬亦然。此諸肉及果實等。皆由細胞合成。細胞皆各有其生命。此諸生命。遞死遞生。更相爲種。皆「以不同形相禪」耳。故曰。『始卒若環。莫得其倫。』此但就知識所能及之粗跡論之。而『萬物與我爲一』之理。已可見其朕兆。何以不感覺其與我爲一。則分別心爲之障耳。故莊子述仲尼之言曰。『自其異者視之。肝膽楚越也。自其同者視之。萬物皆一也。』德充符

吾釋此文。引印度教義及近世科學爲證。雖自信非附會。因事理本自無礙。故以俗諦釋眞諦。不爲附會。然莊子所敎人體驗「眞我」

之實相實不在此蓋眞我之爲物惟用直覺親證乃可得見一用理智的剖析言說的詮議即已落對待而非其本相故曰『既已爲一且得有言乎』言不當有言也但『既已謂之一且得無言乎』則爲敎化衆生起見於無言中强爲言耳故知北遊篇云

『知北遊於玄水之上而適遭無爲謂焉知謂無爲謂曰「予欲有問乎若何思何慮則知道何處何服則安道何從何道則得道」三問而無爲謂不答也非不答不知答也知不得問反於白水之南而睹狂屈焉知以之言也問乎狂屈狂屈曰「唉予知之將語若」中欲言而忘其所欲言知不得問反於帝宮見黃帝而問焉黃帝曰「無思無慮始知道無處無服始安道無從無道始得道」知問黃帝曰我與若知之彼與彼不知也其孰是耶黃帝曰「彼無爲謂眞是也狂屈似之我與汝終不近也」夫知者不言言者不知故聖人行不言之敎』

此一段話與後世禪宗之作用極相似不解者以爲掉弄虛機故作玄談其實此事亦至尋常例如人有痛楚其痛相何若只能自喩而不能以喩諸人熱愛篤敬深憂奇慚之存於內者亦然乃至飲水之冷煖自知視色之妍媸入感皆各自受用而不與衆共者也此其事皆在覺在證而知識乃退居於閏位夫部分之情感且然而況於宇宙之大理乎要之知情志三良能備於我躬各自爲用情感意志之所有事非理知所能任亦猶理知之所有事非情感意志之所能任而或者過信理知萬能謂天下事理皆可以分析綜合推驗盡之外是者則大謬而不之信此其所以爲蔽也故莊子曰『聞以有知知者矣未聞以無知知者也』（人間世）又曰『弗知乃知乎知乃不知乎』（知北遊）又曰『夫精粗者期於有形者也無形者數之所不能分也不可圍者數之所不能窮也可以言論

者。物之粗也。可以意致者。物之精也。言之所不能論。意之所不能察致者。則不期精粗焉。（秋水）此皆言情志之事。非知所能任也。

凡同理知必尊因果律。而莊子以為因果律不足恃。其言曰

『夫知必有所待而後當。其所待者特未定也。』（大宗師）

又曰。

『吾所待而然者耶。吾所待又有待而然者耶。』（齊物論）

章炳麟引近譬以明莊子破因果律之論據曰。『如有人言。身中細胞皆動。問細胞何故動。卽云萬物皆動。細胞是萬物中一分。故細胞動。問萬物何故皆動。卽云皆含動力。故動。問動力何故動。卽云。動力自然動。自爾語盡。無可復詰。且本所以問細胞何故動者。豈欲知其自然動耶。今追尋至竟。以自然動為究極。是則動之依據。還卽在動。非有因也。』（齊物論釋廿三）當時惠施一派。用名學的推理式。欲遵因果律以解決宇宙原理。天下篇稱『黃繚問天地不墜不陷風雨雷霆之故。惠施不辭而應。不慮而對。』此「故」字卽墨經所謂『所得而後成』之「故」也。莊子以為「所得而後成」者。又有其所得而後成。如是因因相待。還等無因。故又云

『有先天地生者物耶。物物者非物。物出不得先物也。猶有其物也。猶有其物也無已。』（知北遊）

大乘入楞伽經云『外道說「因不從緣生而有所生」。果待於因。因復待因。如是展轉。成無窮過。』凡拘守因果律者。欲窮極至「第一因」。終不可得。畢竟還以循環論理釋之。莊子以為此徒勞也。故曰。

『道行之而成。物謂之而然。惡乎然。然於然。惡乎不然。不然於不然。』（齊物論）

如墨經所云『大故有之必然』又云『此然彼必然則俱』凡此皆歸納論理學所用之利器也及再問何故有之必然何故此然彼必然展轉窮推其結論亦僅至『然於然』而止此義者佛典謂之「法爾」莊子謂之「自然」齊物論又云『夫吹萬不同而使其自己也』郭注云自己而然 此義視老子所謂『有物混成先天地生』者進一解矣

然則萬有之樊然異相者果何自建立耶莊子曰

『物物者與物無際而物有際者所謂物際者也不際之際際之不際者也』知北游

此數語非以佛教唯識宗之教理不能說明之攝大乘論無性釋云『於一識中有相有見二分俱轉相見二分不即不離所取分名相能取分名見於一識中一分變異似所取相一分變異似能取相』章炳麟引以解本書云『物即相分物物者謂形成此相分者即是見分相見二分不即不離是名物物者與物無際而彼相分自現方圓邊角是名物有際見分上之相分本無方隅而現有方隅是名不際之際即此相分方隅之界如是實無是名際之不際』齊物論釋七 章氏此釋深契莊旨諸君曾讀羅素講演者應記其第一次所講心之分析對於桌子有無問題廣徵異說如莊子說如「唯識家」說則桌子可謂之無何以故以物質本無客觀的存在故亦可謂之有何以故識有則桌子有故此其義與歐西之唯心派似同實異非今日短講所能詳論也

即此可以證成『道行之而成物謂之而然』之理所謂「道」所謂「物」非皆有其自性皆由人類分別計度所構成耳爾乃於「萬物一體」中强生分別畫其部分指之爲我則我身我家我國種種名相起焉名相起而愛憎取舍行於其間既有「我見」則有「我慢」於是「是非」之論蠭作矣莊子以爲天下無絕對的眞

非是非之名不過由衆生「同業共見」（語出楞嚴）相率假立耳故曰

『道隱於小成言隱於榮華故有儒墨之是非以是其所是而非其所非……彼亦一是非此亦一是非果且有彼是乎哉果且無彼是乎哉』（齊物論）

又曰

『庸詎知吾所謂知之非不知耶庸詎知吾所謂不知之非知耶……民溼寢則腰疾偏死鰌然乎哉木處則惴慄恂懼猨猴然乎哉三者孰知正處民食芻豢麋鹿食薦蝍且甘帶鴟鴉耆鼠四者孰知正味猨猵狙以爲雌麋與鹿交鰌與魚游毛嬙麗姬人之所美也魚見之深入鳥見之高飛麋鹿見之決驟四者孰知天下之正色哉自我觀之仁義之端是非之塗樊然殽亂吾安能知其辯』（齊物論）

此皆證明「是非」之名乃相對而非絕對的夫吾人謂冰必寒火必熱自以爲眞知矣眞是矣然款冬卽生於冰火鼠卽生於火彼固謂冰不寒火不熱也吾果爲知耶是耶彼果爲不知耶非耶論物之屬性既若此矣擬以名言抑更甚焉謂吾人所謂紅卽英人所謂 Red 是耶非耶吾人眼根構造未必與英人脗合何以見彼輩視經認爲 Red 者非吾人所謂紫耶綠耶又如甲乙二人於此皆曰此物長一寸甲乙主觀所感覺果爲同長否耶庸詎知甲所謂一寸不等於乙所謂一丈耶若曰以甲乙公認之尺量之俱得一寸庸詎知甲所視此尺之長非當乙之一丈乙所視此尺之長非當甲之一寸耶夫以至粗末之物質物形物態其是非之難定猶若此今而曰「如此斯爲仁如此斯爲義」欲持之以壹同天下其爲危險云胡可量而衆生我慢之見必各自是其所是而非其所非則怨嫉爭軋之所由起也莊子深痛之故曰

『名也者相札也知也者爭之器也』人間世

又曰

『大亂之本必生於堯舜之間其末存乎千世之後千世之後其必有人與人相食者也』庚桑楚

夫假美名以竊其惡者以中國及歐洲之近事衡之其證驗既歷歷可覩苟無此美名以爲之護符其稔惡或不至如是其甚也不惟假名者爲然耳彼迷信而固執者語其動機或深可贊歎而禍斯世或更甚彼夫爭教宗之異同而搏戰百年流血千萬者由莊子觀之是果何爲也抑凡所謂爲某某主義而奮鬥者何莫皆此類也凡此皆出於人類之「自己誇大性」佛典謂之「我慢」(國自慢教宗自慢主義自慢乃至人類自慢皆「我慢」之一種)莊子以爲此種我慢實社會爭亂之源故慨乎言之謂『千世之後必人與人相食也』欲破除此我慢性故秋水篇云

『以道觀之物無貴賤以物觀之自貴而相賤以俗觀之貴賤不在己以差觀之因其所大而大之則萬物莫不大因其所小而小之則萬物莫不小知天地之爲稊米也知毫末之爲丘山也則差數覩矣以功觀之因其所有而有之則萬物莫不有因其所無而無之則萬物莫不無知東西之相反而不可以相無則功分定矣以趣觀之因其所然而然之則萬物莫不然因其所非而非之則萬物莫不非知堯桀之自然而相非則趣操覩矣』

此言大小有無是非諸名相皆從對待比較得來以星雲界視地球則地球稊米也以細胞生物視毫末則毫末丘山也無東何以名西無堯之是何以有桀之非雖相反而實相待也然則執一自封者其亦可以寤矣秋水篇全篇皆破我慢也故言河伯「以天下之美盡在已」北海若謂「乃知爾醜」北海若之言曰

『吾在於天地之間。猶小石小木之在大山也。方存乎見少。又奚以自多。計四海之在天地也。不似礨空之在大澤乎。計中國之在海內。不似稊米之在太倉乎。號物之數謂之萬。人處一焉……此其比萬物也。不似毫末之在於馬體乎。五帝之所連。三王之所爭。仁人之所憂。任士之所勞。盡此矣。』

此對於「人類誇大狂」當頭一棒之言也。既明此理。則自然可以無我。自然一切可以犧牲。故曰。

『浸假而化予之左臂以爲雞。予因以求時夜。浸假而化予之右臂以爲彈。予因以求鴞炙。浸假而化予之尻以爲輪。以神爲馬。予因以乘之。豈更駕哉。』（大宗師）

既參透此種無我境界。自然對於世界無所欣厭。隨所遇以事其事而已。故曰。

『固有所不得已。行事之情而忘其身。何暇至於悅生而惡死。』（人間世）

莊子之對於社會。非徒消極的順應而已。彼實具一副救熱腸。其言曰。『哀莫大於心死。而人死亦次之。』（田子方）又曰『終身役役而不見其成功。薾然疲役而不知其歸。可不哀耶。人謂之不死。奚益。其形化。其心與之然。不可謂大哀乎。人之生也。固若是芒乎。』（齊物論）彼蓋見衆生不明自性。甘沒苦海。深可憐愍。故出其所自證。翻廣長舌。以覺羣迷。此正所謂行菩薩行者。與孔墨殊塗同歸矣。

莊子全書教人以脩證塗徑者甚多。不能徧證引。諸君若有志學道。他日宜自求之。今但述其卑近之談最可資青年修養者數條。以作結論。莊子曰。

『有人者累。見有於人者憂。』（山木）

今日中國社會組織。可謂中分爲「有人者」與「見有於人者」之兩級。（例如父母有子子見有於父母夫有妻妻見有於夫）故非累則憂必居其一或則二者兼之甫成年之學生如諸君者眞可以不有人不見有於人宜乘此時切實脩養以自固其基且力求保持此種地位使較久且懸此以爲改造社會之鵠莊子又曰

『其耆欲深者其天機淺』（大宗師）

莊子主張任運而動本不教人以强制的節慾但以爲耆欲可以汨人靈性故學者宜游心於高尚勿貪肉體的享樂以降其人格莊子又曰

『自事其心者哀樂不易施乎前』（人間世）

莊子本一情感極强之人而有更强之意志以爲之節制所謂能「自事其心」也（事訓治）莊子曰「有人之形無人之情」惠子曰「既謂之人惡得無情」莊子曰「是非吾所謂情也吾所謂無情者言人之不以好惡內傷其身」……』（德充符）在青年情感發育正盛之時好惡內傷其身之患最所易蹈遇環境有劇變每輒喪其所守非平日脩養十分致意不可莊子則教人順應之法曰『得者時也失者順也安時而處順則哀樂不能入也』（大宗師）此則自事其心之最妙法門也莊子又曰

『用志不紛乃凝於神』（達生）

此條述孔子觀痀僂丈人承蜩事丈人之言謂『雖天地之大萬物之多而惟蜩翼之知吾不反不側不以萬物易蜩之翼吾何爲而不得』此言人精神集中則無事不可爲而行集中之事不問其大小要之足爲吾脩養之助

以上四條吾生平所常服膺者今述以贈諸君其於莊子之意果有當焉否則非吾所敢知也

(四)慎到及彭蒙田駢

慎到一派．亦出老子．其所得不如莊子之圓通．莊子天下篇以彭蒙田駢慎到三人並稱．且稱蒙爲駢之師．荀子非十二子篇則以慎田二人並稱．要之此三人學派必大略相同．且爲當時大家無疑．漢志有慎子四十二篇．田子二十五篇．田子書今全亡．慎子書存若干條．後人輯爲五篇．

莊子天下篇云．

『公而不當．（當訓擔當之當）易而無私．決然無主．趣物而不兩．不顧於慮．不謀於知．於物無擇．與之俱往．古之道術有在於是者．彭蒙田駢慎到聞其風而悅之．齊萬物以爲首．曰「天能覆之而不能載之．地能載之而不能覆之．大道能包之而不能辯之．」知萬物皆有所可有所不可．故曰「選則不徧．教則不至．道則無遺者矣．」是故慎到棄知去己而緣不得已．冷汰於物以爲道理．曰「知不知．將薄知而後鄰傷之者也．」謑髁無任．而笑天下之尚賢也．縱脫無行．而非天下之大聖．椎拍輐斷．與物宛轉．舍是與非．苟可以免．不師知慮．不知前後．魏然而已矣．推而後行．曳而後往．若飄風之還．若羽之旋．若磨石之隧．全而無非．動靜無過．未嘗有罪．是何故．夫無知之物．無建己之患．無用知之累．動靜不離於理．是以終身無譽．故曰「至於若無知之物而已．無用賢聖．夫塊不失道．」豪傑相與笑之曰「慎到之道．非生人之行．而至死人之理．適得怪焉．」田駢亦然．學於彭蒙．得不敎焉．彭蒙之師曰「古之道人．至於莫之是莫之非而已矣．」其風窢然．惡可而言．常反人不見觀．而不免於魭斷．其所謂道非道．而所言之韙．不免於非．彭蒙田駢慎到不知道．雖然．概乎皆嘗有聞者也．』

其言『齊萬物以爲首。』『知萬物皆有所可有所不可。』皆頗契莊子齊物之旨。但彼輩有與莊子大不同處。莊子言『靈臺能持』（庚桑楚）言『唯心集虛。』（人間世）則心體絕非頑鈍無知之物。人之所以能脩能證日以向上者皆恃此。愼到等之說。謂『至於若無知之物而已。』又曰『塊不失道。』率天下而學土塊。則是斷滅宇宙耳。況乎宇宙固非吾儕之所得斷滅。故豪傑笑之曰『愼到之道。非生人之行而至死人之理。適得怪焉。』言其徒怪而不能成理也。田駢學於彭蒙而得不敎。亦頗似禪宗之不立語言文字。但其所證何若則不敢知。據天下篇所說。頗類印度外道之棲巖禪坐動經百年者也。故莊子謂『不免於魭斷。』（似卽斷滅之意）而『其所謂道非道』也。漢志以愼子列法家。而今傳愼子佚文亦確多近法家言。以極端斷滅之愼到曷爲與專言世諦之法家有關係耶。舉佚文以證天下篇。可以察其淵源。愼到主張『至於若無知之物。』其言無知之物所以可貴者。在於『無建己之患。無用知之累。動靜不離於理。』以爲凡有知之物。必有主觀的作用行乎其間。而此主觀未必能中理。此所謂建己之患而用知之累也。故愼子曰。

『措鈞石使禹察之。不能識也。懸於權衡。則氂髮識矣。』（意林引）

又曰。

『有權衡者不可欺以輕重。有尺寸者不可差以長短。有法度者不可巧以詐譌。』（同上）

權衡尺寸皆「無知之物。」惟其無知所以能完其權輕重量長短之職。愼子以此理應用於政治上。故反對主觀的人治主義。建設物觀的法治主義。故曰。

『君人者舍法而以身治。則誅賞予奪從君心出。……君以心裁輕重。則同功殊賞。同罪殊罰矣。……分馬之用筴。分田之用鉤。非以筴鉤爲過於人智。所以去私塞怨也。』（今本君人篇）筴鉤皆無知之物。而其效時或過之智。正以其免「用知之累」也。今世國家。不恃有知之聖君賢相。而恃無知之數十條憲法。卽是此理。愼子又曰。

『民雜處而各有所能。能者不同。此民之情也。大君者大上也。兼畜下者也。下之所不能同。而皆上之用也。是以大君因民之能爲資。盡包而畜之。無能取去焉。必執於方以求於人。故所求者無一足也。大君不擇其下。故足。』（今本民雜篇）

此與天下篇所言『萬物皆有所可有所不可。選則不偏。道則無遺。』其義正同。愼子又曰。

『君之智未必最賢於衆也。以未最賢而欲善盡被下。則下不贍矣。若君之智最賢。以一君而盡贍下。則勞。勞則倦。倦則衰。衰則復返於人。此不贍之道也。』（今本民雜篇）

此最合於今世立憲國元首無責任之理。與墨子尙賢尙同主義正相反。

荀子非十二子篇云。

『尙法而無法。下脩而好作。上則取聽於上。下則取從於俗。終日言成文典。及紃察之。則倜然無所歸宿。不可以經國定分。然而其持之有故。其言之成理。足以欺惑愚衆。是愼到田駢也。』

此專就任法一方面批評荀子爲主張人治禮治之人。故對於愼到之法治說。深所不滿。至於愼到哲學上之根本觀念。則荀子似未見及。蓋荀子對於形而上學之理論。本不甚措意也。

愼到等之學。其出於老子甚明。老子稱『法令滋彰。盜賊多有。』何故治其學者乃產生法家言耶。蓋「無爲而治」之學說，非歸宿到任法不任人則不能貫徹，觀愼到之論，則以法家鉅子之韓非，而有解老喻老之篇，其故可思矣。

（五）屈原

屈原在文學上之位置，獨立千古，其文學之價值，非本書範圍，今不具論，語其思想，則一大部分受老子之影響。端緒可得而窺也。

當時思想界，大體可分爲南北，孔墨皆北派，雖所言條理多相反，然皆重現世，貴實行，老莊產地，對鄒魯言之，可稱爲南人，其學貴出世，尊理想，則南派之特色也，楚人如老萊子南公之類，皆爲道家言，有著述見於漢志，論語所載接輿丈人長沮桀溺等，皆孔子在楚所遇，則楚人思想，可見一斑，屈子則生育於此種思想空氣之人也。

屈子爲極端厭世之人，結果乃至於自殺，此在思想家中，爲絕無僅有之事，其自殺之原因，乃感於人生問題之不能解決，不堪其苦悶，彼自寫其情感之勃鬱不可抑云。

『糺思心以爲纕兮，編愁苦以爲膺，……憐思心之不可懲兮，證此言之不可聊，甯逝死而流亡兮，不忍爲此之常愁。』（悲回風）

蓋其深刻之苦痛，自覺不能任受，乃至以自殺息肩也，而所以致此苦痛之故，實由感人生之矛盾，天問一篇，列舉數十事，呵壁而問天，皆表示其對於宇宙及人生有不可解之疑團，（天問前半爲宇宙問題，後半爲人生問題）卜居一篇，即對舉兩種矛盾之生活，而以不可解決爲結論者也，離騷篇歷舉女須靈氛巫咸等種種勸解討論，皆表示於懷疑苦悶中求解決者也屈子胷中之矛盾境界。有數語最足以表之。其言曰。

「惟天地之無窮兮。哀人生之長勤。往者余弗及兮。來者吾不聞。」（遠遊）

在理智短淺情感鈍弱之人。對於人生問題。毫無感覺。醉生夢死以度數十寒暑。固甚易易。若屈子一面既以其極瑩徹之理性。感「天地之無窮」一面又以其極熱烈之感情念「民生之長勤」而於兩者之間。不得所以調和自處故在苦悶乃不可狀屈子固飫聞老氏之教者常欲向此中求自解放遠遊一篇最表現此理想其言曰。

「道可愛兮。不可傳。其小無內兮。其大無垠。無滑而魂兮。彼將自然。壹氣孔神兮。於中夜存。虛以待之兮。無爲之先。庶類以成兮。此德之門。聞至貴而遂徂兮。忽乎吾將行。……」

又曰。

「時髣髴以遙見兮。精皎皎以往來。絕氛埃而淑尤兮。終不反其故都。免衆患而不懼兮。世莫知其所如。」

又曰。

「經營四荒兮。周流六漠。上至列缺兮。降望大壑。下峥嶸而無地兮。上寥廓而無天。視儵忽而無見兮。聽惝怳而無聞。超無爲以至淸兮。與泰初而爲鄰」

此種思想。殆純然與老莊一致。無奈屈子的情感。常沸到白熱度。非此種玄理所能抑制。故遠遊篇雖强作爾許翛然自得之語。忽又云。

「微霜降而下淪兮。悼芳草之先零。誰可與玩斯遺芳兮。晨向風而舒情。高陽邈以遠兮。余將焉所程。」

離騷篇末亦同此意言『靈氛既告余以吉占兮歷吉日乎吾將行。』以下方極陳離塵玩世之樂。乃忽云。

『陟升皇之赫戲兮忽臨睨夫舊鄉。僕夫悲余馬懷兮蜷局顧而不行。』

蓋出世之念轉瞬間又爲憂世之念所壓消矣。然則用楊朱一派之說專求現世肉慾之享樂何如。屈子在招魂篇表此思想。（招魂篇王逸謂宋玉作當從司馬遷說定爲屈原作）此篇自『魂兮歸來入脩門些』以下。大陳聲色田獵宮室玩好之樂。乃於最後結語忽云。

『皋蘭被徑兮斯路漸。湛湛江水兮上有楓。目望千里兮傷春心。魂兮歸來哀江南。』

蓋語及國難。則覺一切無可以解憂矣。莊子云。『絕跡易。無行地難。』屈子自覺終不能不行地。故莊楊輩絕跡之論。終無以救濟其苦痛也。

離騷云。

『長太息以掩涕兮。哀民生之多艱。』

此二語可謂屈子自道生平。其人格之可尊敬在此。其所以終於自殺亦在此。離騷又云。

『人生各有所樂兮。余獨好脩以爲常。雖體解吾猶未變兮。豈余心之可懲。』

又云。

『忳鬱邑而侘傺兮。吾獨窮困乎此時也。甯溘死以流亡兮。余不忍爲此態也。』

屈子蓋痛心疾首於人類之墮落。自覺此種生活。一刻不能與之共。結果只有舍之而去。譬猶有潔癖之人不以死易潔也。屈子云。『吾令羲和弭節兮。望崦嵫而勿迫。路漫漫而脩遠兮。吾將上下而求索。』（離騷）蓋始終冀覓得前途一綫光明。乃愈覓而愈增其黑闇。彼寫其狀曰。

『入漵浦余儃佪兮。迷不知吾所如。深林杳以冥冥兮。乃猨狖之所居。山峻高以蔽日兮。下幽晦以多雨。霰雪紛其無垠兮。雲霏霏而承宇。哀吾生之無樂兮。幽獨處乎山中。吾不能變心而從俗兮。固將愁苦而終窮。』涉江

又曰。

『采三秀兮於山間。石磊磊兮葛蔓蔓。怨公子兮悵忘歸。君思我兮不得閒。山中人兮芳杜若。飲石泉兮蔭松柏。君思我兮然疑作。雷填填兮雨冥冥。猨啾啾兮狖夜鳴。風颯颯兮木蕭蕭。思公子兮徒離憂。』山鬼

此皆自寫其所感黑闇之苦痛。質言之。則屈子蓋對於世界而失戀者也。彼捧其萬斛愛情以向世界。而竟不見答。無可奈何而以身殉之。屈子蓋天下古今惟一之「情死者」也。

太史公評之曰。『濯淖汙泥之中。蟬蛻於濁穢。以浮遊塵埃之外。不獲世之滋垢。皭然泥而不滓者也。推此志也。雖與日月爭光可也。』此明屈子深有得於老氏之學。而其厭世思想。與莊子之樂天思想。正殊塗同歸也。

第三節　孔子所衍生之學派

（一）略論

孔學派別。韓非顯學篇曾舉八儒。惟孟荀以外。學說罕傳。故異同靡得而校焉。徵諸故書雅記。所衍應有五大派。

其一內業派。孔子晚年頗受老學影響。其勝義之散見論語易傳者。性與天道。略可得聞。傳此業者。固當以顏回

爲首回早卒．顯學所稱顏氏之儒．是否卽汲其流．未敢斷言．然孔門近此派者．猶得數人．莊子大宗師篇言．『子桑戶（卽論語記仲弓所問之子桑伯子）孟子反（卽論語所言孟之反不伐）子琴張（亦見孟子）三人相與友．相與於無相與．相爲於無相爲．』三人似皆於孔門有淵源．孟子又言．『琴張曾晳牧皮．孔子之所謂狂．』牧皮雖不見他書．若曾晳則「沂水春風．」頗與顏回同一氣象．孔子屢言．『吾黨之小子狂簡．』曾晳輩之狂．子桑戶輩之簡．應皆孔子所常憶念．則此派在孔門勢力不薄．可以想見．此派日漸發達．益以科學的心理研究．遂成爲內業派．漢書藝文志儒家有內業十五篇．原注云．『不知作書者．』然今本管子第四十九篇．名曰內業．所言正儒家存養之學．與道家言大同而小異．如所言『止怒莫若詩去憂莫若樂節樂莫若禮』皆儒家言管子爲戰國人摭拾百家所造．此篇或卽內業十五篇之一．（管子心術上心術下白心三篇疑亦採自內業篇）大學言「知止定靜．」中庸言「至誠盡性．」卽屬此派．至孟荀兩家論性觀心之說．而此派大成．其二．武俠派．孔門二大弟子曰顏淵子路．子路問强．孔子告以『至死不變强哉矯．』子路卒以身殉所職．是此派實爲孔門直傳．顯學篇以漆雕氏列八儒之一．而漆雕氏之學．則『不膚撓．不目逃．行曲則違於臧獲．行直則怒於諸侯．』孟子言北宮黝孟施舍之養勇．其術正與漆雕合．又言黝似子夏．舍似曾子．則其人或皆儒家者流歟．漢志儒家有魯仲連子十四篇．虞氏春秋十五篇．魯仲連虞卿言論行事．具見史記．皆任俠尙氣一流．蓋此派之末流．與墨家結合矣．卽孟子之倔强．亦頗有此派氣象．其三．經世派．孔子志在用世救民．其言治國平天下之條理甚詳．此派在孔門獨盛．固所當然．漢志儒家有李克七篇．（原注云子夏弟子爲魏文侯相）而史記貨殖傳稱『李克作盡地力之敎．』則孔門有經濟學專家矣．此派學說．亦至孟荀而分途發達．各極其盛．其四．文獻派．孔子所建設之新理想雖甚多．然又最重歷史觀念．所謂「夏時殷輅．因革損益．」三致意焉．故於已往之文獻．常愛惜網羅．於是其門下在此派中又分二支派。甲派。將古代典章制度爲比較的研究。二戴記諸篇什九皆是也。乙派。則專從事於政治史如左丘之作國語是也前此此兩事皆王官專職。孔子以後其業漸移於私家矣其五傳注派。孔子旣删述六經傳與其人賢者識大不賢識小或述口說或明故訓故漢世詩禮之傳溯源子夏而商瞿之於易公明高之於春秋皆以恪守師說爲職志而爾雅等名物訓詁之書似亦起於周末合此數事遂開後世經學之宗其實此派在孔門不過支與流裔而已而此派之承先起後者則似在荀卿也以吾所見孔學流別不出此五大派而綜合而光大之厥惟孟荀故今獨論孟荀焉

(二)孟子

孟子生於孔子卒後百餘年其時老墨之教皆盛行殆與儒家三分天下而法家陰陽家亦競起故孟子思想受諸家影響頗多卓然爲儒家開一新面目焉

孟子書漢書藝文志云十一篇今本僅七篇每篇復分爲上下相傳更有外篇四篇六朝唐人尙頗引其佚文但頗難信此七篇者司馬遷謂孟子與其徒萬章之徒所作殆古書中最完善可信據者矣

七篇中告子盡心兩篇多屬於內業派之學說梁惠王滕文公離婁萬章四篇多屬於經世派之學說公孫丑篇則兩者咸有而全書精神可以兩語貫之曰

『孟子道性善言必稱堯舜』滕文公上

「道性善」孟子內業學說之根據也「稱堯舜」孟子經世學說之根據也

孔子言．『性相近也習相遠也．』『惟上智與下愚不移．』其論性語甚渾括．未嘗加以分析．孔門中內業派日趨發達．「性論」漸成爲重要問題．論衡本性篇稱『世碩以爲人性有善有惡……善惡在所養．』又稱『宓子賤漆雕開公孫尼子論性情與世碩相出入．』數子皆儒學大家．（漢志儒家有漆雕子十三篇宓子十六篇世子二十一篇公孫尼子二十八篇）而其著書皆有論性之文．則當時之重視此問題可知．蓋此問題者．爲自己修養起見．爲教育之理論及應用起見．所關皆甚重．故儒家認爲極要．而孟子荀卿乃至各以性之善惡爲其學說之根本也．

孟子絕對的主張性善說．曰．

『人性之善也．猶水之就下也．人無有不善．水無有不下．』（告子上下同）

孟子果根據何種論理以立此主張乎．第一．孟子深信人類本來平等．人類中既有至善之人．所以證知人性必善．其言曰．

『故凡同類者舉相似也．何獨至於人而疑之．聖人與我同類者．……口之於味也．有同耆焉．耳之於聲也．有同聽焉．目之於色也．有同美焉．至於心．獨無所同然乎．』（告子上）

第二．孟子以爲人性中皆有善的根苗．所以證知爲善．其言曰．

『人皆有不忍人之心．……今人乍見孺子將入於井．皆有怵惕惻隱之心．非所以納交於孺子之父母也．非所以要譽於鄉黨朋友也．非惡其聲而然也．由是觀之．無惻隱之心．非人也．無羞惡之心．非人也．無辭讓之心．非人也．無是非之心．非人也．惻隱之心．仁之端也．羞惡之心．義之端也．辭讓之心．禮之端也．是非之心．智之端也．』（公孫丑上）

「端」卽『造端乎夫婦』之端．如體質上之有原始精胞．孟子以爲人性之善端．與有生俱來．故曰．『此天地之所以與我者．』又曰『非由外鑠我也．我固有之也．』（俱告子上）又曰．『人之所不慮而知者．其良知也．所不學而能者．其良能也．』（盡心上）

人之所不學而能不慮而知者．是否皆良．惻隱羞惡辭讓是非諸善端．是否生而皆有．除此等善端外．其他惡端．是否爲人性所無．此等問題．卽孟子性善說能否成立之生死關鍵也．以吾所見．惟「見孺子入井而惻隱」與「孩提知愛其親」兩論證．確能圓滿成立．其他則不敢言．然「愛」實萬善之本．愛性旣生而具．則性善說固已持之成理矣．

性善說創自孟子．當時諸家論性者．異說甚多．故公都子以爲問曰．

『告子曰「性無善無不善也」．或曰「性可以爲善．可以爲不善．是故文武興則民好善．幽厲興則民好暴．」或曰「有性善．有性不善．是故以堯爲君而有象．以瞽瞍爲父而有舜．」……今曰性善．然則彼皆非與．』（告子上下同）

孟子絕對性善說．與公都子所引諸例．顯不相容．孟子其何說之辭．孟子曰．

『乃若其情．則可以爲善矣．乃所謂善也．若夫爲不善．非才之罪也．』

孟子以爲人類有善的可能性．故謂之善．此可能性之說．在學理上極有價值．蓋必有此然後脩養爲可能．教育爲可能也．若夫有爲不善者．孟子以爲不過受環境之惡影響使然．故曰．

『富歲子弟多賴．（阮元云賴同嬾）凶歲子弟多暴．非天之降才爾殊也．其所以陷溺其心者然也．今夫麰麥．播種而耰之其地同樹之時又同浡然而生至於日至之時皆熟矣雖有不同則地有肥磽雨露之養人事之不齊也』

此言人類皆有善之可能性猶麥種皆有熟之可能性然而或懶或暴種種不善者皆由環境使然（熱帶人多賴寒帶人多暴亦同此理）孟子以爲此陷溺作用之結果耳惡環境既足以陷溺人則以他力改善環境或以自力抵抗環境皆足以恢復其本來之善所謂他力改善環境者孟子曰

『雖有天下易生之物也一日暴之十日寒之未有能生者也』（告子上）

又曰

『有楚大夫於此欲其子之齊語也……一齊人傅之衆楚人咻之雖日撻而求其楚亦不可得也』（滕文公上）

所謂自力抵抗環境者孟子曰

『牛山之木嘗美矣以其郊於大國也斧斤伐之可以爲美乎是其日夜之所息雨露之所潤非無萌櫱之生焉牛羊又從而牧之是以若彼濯濯也人見其濯濯也以爲未嘗有材焉是豈山之性也哉雖存乎人者豈無仁義之心哉其所以放其良心者亦猶斧斤之於木也旦旦而伐之可以爲美乎其日夜之所息平旦之氣其好惡與人相近也者幾希則其旦晝之所爲有梏亡之矣梏之反覆則其夜氣不足以存夜氣不足以存則其違禽獸不遠矣人見其禽獸也而以爲未嘗有才焉者是豈人之情也哉』（告子上）

由前之說則當使人日日得所「暴」常常在「莊嶽之間」此社會教育之所宜有事也由後之說則當嚴密自衛以求免「牛羊之牧」「旦晝之梏」此個性教育之所宜有事也孟子於前說雖偶一道及而其主要精神實在後說

孟荀因論性之主張異。故教育方針隨之而異。荀子尊他力。而孟子尊自力。荀子之教其一。假物。故曰。『假輿馬者非利足也。而致千里。假舟楫者。非能水也。而絕江河。君子生非異也。善假於物也。』勸學篇 其二。尊師。故曰。『師云而云。則是知若師也。……不是師法而好自用。譬猶以盲辨色。以聾辨聲。舍亂妄無為也。』脩身篇 蓋性既惡。則非藉他力無以矯正也。孟子不然。孟子曰。『萬物皆備於我矣。』盡心下 又曰。『反求諸己而已矣。』公孫丑上 此與荀子假物之說異。又曰。『聖人先得我心之所同然耳。』告子上 又曰。『子歸而求之有餘師。』此與荀子尊師之說異。孟子曰。

『君子深造之以道。欲其自得之也。自得之則居之安。居之安則資之深。資之深則取諸左右逢其原。』離婁下

自得者。純恃自力之謂。聖賢師友。能示我為學方法。不能代我為學。能引我志於道。不能代我入道。故曰。『梓匠輪輿能與人規矩。不能使人巧。』盡心下 孔子所謂『人能弘道。非道弘人。』中庸所謂『誠者自成也。』即是此意。

然則自力脩養之方法何如。一曰消極的抵抗。二曰積極的發展。而此二者實交相為用。孟子曰。

『先立乎其大者。則其小者不能奪也。』告子上

「先立乎其大者」。即所以為發展。「小者不能奪」。即所以為抵抗也。今先舉其抵抗之學說。孟子曰。

『耳目之官不思而蔽於物。物交物則引之而已矣。心之官則思。思則得之。』告子上

此文特標物與我之辨。最足發人深省。物交物云者。上物字指耳目所接之物。佛說自六塵至山河大地。常人所共指為物者此也。下物字。即指耳目及軀幹之全部。佛說自六根以至六識。常人則不指此物而指我。不知此確

為物而非我也。就其至淺者言之。如人之髮齒爪甲。當其麗於我身。共指為我也。(楊氏為我拔一毛利天下不為即謂此一毛為我體也)及其脫落則幺麼一物而已。此軀幹之全部。與髮齒爪甲何異。今世生理學大明。梢涉其樊者。共知吾全身筋骨血肉皆閱若干時一蛻變。全非其故矣。然而猶執此為我而終不悟也。既認此物為我。則罄吾之智能以養之。凡人終日所營營者。舍養此耳目口體之外。更有何事。因養此耳目口體。於是乎有「宮室之美。妻妾之奉。」寖假而宮室妻妾且成為我之一部。如是認賊作子。展轉相引以至無窮。孟子喝破之曰。是「物交物」而已矣。是「於我何加焉」。明乎此義。然後知我前此所為營營齦齦者皆為物役。自今以往。我當恢復我之自主權。我將對於一切物而宣告獨立。不復為之奴隸。我但作此一念。而一切物已戢戢聽命。無復能披猖矣。故曰「思則得之」也。

自力抵抗環境。當受環境苛酷的壓迫時。最感其必要。孟子有一章。發揮此義最為深刻。曰。

『故天將降大任於是人也。必先苦其心志。勞其筋骨。餓其體膚。空乏其身。行拂亂其所為。所以動心忍性。曾益其所不能。人恆過。然後能改。困於心。衡於慮。而後作。徵於色。發於聲。而後喻。入則無法家拂士。出則無敵國外患者。國恆亡。然後知生於憂患而死於安樂也。』(告子下)

此章實吾輩疲勞時之一興奮劑。失望時之一續命湯。能常誦之。自可以提起奮鬥的精神。使吾輩不致遇困難而退轉。雖然。猶有一義當注意焉。環境之安順的腐蝕。有時較苛酷的壓迫尤為可畏。故孟子復予吾輩以嚴重的警告曰。

『一簞食。一豆羹。得之則生。不得則死。嘑爾而與之。行道之人弗受。蹴爾而與之。乞人不屑也。萬鍾則不辨禮義而受之。萬鍾於我何加焉。爲宮室之美。妻妾之奉。所識窮乏者得我與。鄉爲身死而不受。今爲宮室之美爲之。鄉爲身死而不受。今爲妻妾之奉爲之。鄉爲身死而不受。今爲所識窮乏者得我而爲之。是亦不可以已乎。此之謂失其本心。』（告子上）

人類墮落。往往不在其失意之時。而在其得意之時。因得意時自衞力便鬆懈。則受惡社會之腐蝕而不自知也。孟子以爲學人之抵抗社會。無論何時皆須注全力。故曰。

『富貴不能淫。貧賤不能移。威武不能屈。此之謂大丈夫。』（滕文公下）

其積極的發展之方法如何。中庸云『惟天下至誠爲能盡其性』。孟子之學從子思出。故其義與中庸共貫。曰。

『或相倍蓰而無算者。不能盡其才者也。』（告子上）

孟子既篤信人類平等。謂『聖人與我同類』。以爲各人苟將其箇性充量發展。皆可以完成圓滿的人格。故曰。

『人皆可以爲堯舜。』（告子下）

『舜何人也。予何人也。有爲者。亦若是。』（滕文公上）

『舜人也。我亦人也。舜爲法於天下。可傳於後世。我猶未免爲鄉人也。是則可憂也。』（離婁下）

堯舜爲孟子理想的人格。然以爲人人皆可以學到。堯舜所以與我輩相去倍蓰而無算。由我輩不能盡其才耳。盡其才之道何如。則擴充而已矣。孟子曰。

『凡有四端於我者。知皆擴而充之矣。若火之始然。泉之始達。苟能充之。足以保四海。』（公孫丑上）

又曰。

『古之人所以大過人者無他焉善推其所爲而已矣。』梁惠王上

又曰。

『人皆有所不忍。達之於其所忍。仁也。人皆有所不爲。達之於其所爲。義也。』盡心下

又曰。

『人能充無欲害人之心。而仁不可勝用也。人能充無穿窬之心。而義不可勝用也。』盡心下

孟子只是敎人發揮箇性的本能以爲圓滿的人格。不過將本能放大所以其敎人總是因勢利導。對於門弟子無論矣。卽對於時主亦然。齊宣王不忍一牛之觳觫。卽謂『是心足以王。』好樂好色好貨皆指爲美德凡以其有善端而已。荀子曰『木直中繩。輮以爲輪。其曲中規。雖有槁暴。不復挺者。輮使之然也。』勸學以逆人性爲敎。孟子之「擴充」則以順人性爲敎。兩性恰相反矣。

孟子自道修養得力處。曰。

『我善養吾浩然之氣。』公孫丑上

此是內業派與武俠派會通之點。其言養氣之必要。謂『志。氣之帥也。氣。體之充也。志壹則動氣。氣壹則動志。今夫蹶者趨者是氣也。而反動其心。』氣是指心理上情感方面之動相。當時內業派專重意志理性兩方面。孟子認爲有缺點。故以此補之。其說浩然之氣也。曰。

『其爲氣也。至大至剛。以直養而無害。則塞乎天地之間。其爲氣也。配義與道。無是餒也。……行有不慊於心。則餒矣。』

所謂餒不餒者正如漆雕開所謂『行曲則違於臧獲。行直則怒於諸侯。』所謂配義與道者。道爲理性力所體驗。義爲意志力所嚮往。孟子以爲尙須加情操力之脩養以配之行無不慊於心則常能保持其邁往不撓之情操。而萬事可以負荷此所以使脩養工夫成爲現實應用的。而與老莊所教異其揆也。

孟子之政治論。祖述孔子大同之旨。其必稱堯舜者。借堯舜以寄其公天下之理想也故萬章問『堯以天下與舜有諸。』孟子曰。

『否。天子不能以天下與人。』萬章上

桃應問『舜爲天子。皋陶爲士。瞽瞍殺人。則如之何。』孟子曰。『執之而已矣。』曰。『然則舜不禁與。』曰。

『夫舜惡得而禁之。夫有所受之也。』盡心上

前章論國家非君主私有後章論法律之下萬人平等。且法律非君主所能任意左右。皆孟子政治上重要之理想。孟子又曰。

賊人者謂之賊賊義者謂之殘。殘賊之人謂之一夫。聞誅一夫紂矣未聞弑君也。』萬章上

又曰。

『今之所謂良臣。古之所謂民賊也。』告子下

當時貴族政治。已成過去。而君相專制的國家主義方盛行。故孟子大聲疾呼以破之。故曰。

『民爲貴。社稷次之。君爲輕。』盡心下

滕文公問爲國。孟子告以『民事不可緩。』齊宣王問齊桓晉文之事。孟子告以『保民而王。』此皆反抗當時

之政治潮流為民權思想之先河。但孟子僅言「保民」。言「牧民」。言「民之父母」。而未嘗言民自為治。近世所謂 Of the people For the people By the people 之三原則。孟子僅發明 of 與 for 之兩義。而未能發明 by 義。此其缺點也。

孟子政治論最重要之部分。則其經濟制度也。孟子以經濟的給足為社會道德之源泉。故曰。

『民之為道也。有恆產者有恆心。無恆產者無恆心。苟無恆心。放辟邪侈。無不為矣。及陷於罪。然後從而刑之。是罔民也。』（滕文公上）

又曰。

『是故明君制民之產。必使仰足以事父母。俯足以畜妻子。樂歲終身飽。凶年免於死亡。然後驅而之善。故民之從之也輕。』（梁惠王上）

讀此可知孟子認經濟問題為改良社會之根本。與後世之恥言生計而高談道德者有異矣。孟子經濟政策第一要件。在整理土地制度。其言曰。

『夫仁政必自經界始。經界不正。井地不均。穀祿不平。』（滕文公上）

孔子之言經濟。本最注重分配。故曰『不患寡而患不均』（論語季氏）孟子受其教。故以「均」「平」為第一義。而當時主要之經濟惟農業。故欲求分配之均。必在土地。孟子之理想之土地制度曰。

『方里而井。井九百畝。其中為公田。八家皆私百畝。同養公田。』（滕文公上）

此種制度。以全國耕地九分之一為純粹的公有。其餘九分之八。則私人雖無所有權而有使用權。在使用期間。

收益歸彼私有。而此公家之一分。亦由各私人公擔其生產之勞作。卽私人相互之間。亦爲共用生產。平均分配。所謂『耕則通力合作。收則計畝均分。』實含有組合互助之精神。故孟子曰。

『鄉里同井。出入相友。守望相助。疾病相扶持。則百姓親睦。』同上

此孟子心目中之半共產的社會。不徒以此謀物質上之給足。實以爲人類精神保健之一良劑也。

孟子又言『野九一而助。國中什一使自賦。』滕文公上是主張都市經濟制度與鄉村有區別。又言『關市譏而不征。澤梁無禁。』是主張自由貿易及山澤之利全歸共有。凡此皆可見孟子經濟思想之一斑也。

（按原稿至此止）

附　先秦諸子表

	道家
第一期	老子○○　有書五千言今存 關尹　有書九篇已佚今本僞
第二期	楊朱△△　無書 列禦寇△△△　有書八篇疑僞 老萊子　有書已佚存疑 黔婁子　有書已佚存疑
第三期	它囂　無書 魏公子牟△△△△　有書四篇已佚 彭蒙　無書 田駢△△　亦作陳駢有書二十五篇今佚 慎到△△　有書四十二篇今本不全 莊周○○　有書五十二篇今本三十三篇有附益
第四期	蜎淵　亦作環淵有書十三篇今佚 捷子　亦作接子有書二篇今佚 宮孫子　有書二篇今佚 鶡冠子　有書一篇已佚今本僞

儒

孔子○○

子夏△△ 子游△△ 子張△△ 孔門分派見孟子荀子子張爲八儒之一見韓非子子游爲子思孟軻所宗見荀子非十二子篇

子弓

曾子△△ 孔門分派爲荀卿所宗子思所出有書十八篇今散見兩戴記中

漆雕開△△△ 八儒之一有書十三篇已佚

宓子 名不齊有書十六篇已佚

子思△△ 孔子孫曾子弟子有書二十三篇其一部分散見兩戴記中

景子 宓子弟子有書三篇已佚

李克△△ 子夏弟子有書七篇已佚

世碩△△ 七十子之弟子有書二十一篇已佚

公孫尼子△△△△ 七十子之弟子有書二十八篇已佚

魏文侯 子夏弟子有書六篇已佚

孟子○○ 八儒之一有書十一篇今本七篇

樂正子春

虞卿 有書十五篇已佚

荀卿○○ 八儒之一有書三十三篇今本有改竄

魯仲連 有書十四篇已佚

徐子 有書四十二篇已佚

朱建 有書七篇已佚

董無心 有書一篇難墨子已佚

墨家	儒家
墨子○○ 有書七十一篇今本五十三篇有竄亂	
禽滑釐 墨子弟子無書 隨巢子 墨子弟子有書六篇已佚 胡非子 墨子弟子有書三篇已佚 宋鈃△△ 亦作宋跰宋牼宋榮子有書十八篇已佚	顏氏 仲良氏 皆八儒之一 芊嬰 七十子後學者有書十八篇已佚 告子△△ 無書
田俅子 墨家有書三篇已佚 我子 墨家有書一篇已佚 相里勤 三墨之一 相夫氏 三墨之一 鄧陵氏△△△ 南方墨者三墨之一 纏子 有書一卷見意林	

名家	法家	
鄧析△△ 有書二篇疑僞今本亦非原書		
尹文子○○○ 有書一篇今本二篇 惠施△△ 有書一篇已佚	李悝△△ 有書三十二篇已佚 商鞅△△ 有書二十九篇依託 申不害△△△ 有書六篇已佚 尸佼○○ 有書二十篇已佚今有輯本	
公孫龍○○○ 有書十四篇今本六篇 毛公 有書九篇已佚 成公生 有書五篇已佚 黃公 有書四篇已佚	處子 亦作劇子有書九篇已佚 韓非子○○○ 有書五十五篇今本有竄亂 游棣子 有書一篇已佚 桓團 亦作韓檀	鄒衍△△

陰陽家
鄒奭　有書四十九篇又五十六篇已佚 公孫發　有書十二篇已佚 公檮生　有書二十二篇已佚 閭丘快　有書十四篇已佚 馮促　有書十三篇已佚 將鉅子　有書十三篇已佚 乘丘子　有書五篇已佚 杜文公　有書五篇已佚 南公　有書五篇已佚 有書三十一篇已佚

其他

史鰌

計然△△　貨殖家

秦越人　醫家有扁鵲內經九卷外經十二卷疑僞今傳難經僞

孫臏○○　兵家有書八十九篇今本十三篇題孫武著疑誤

吳起　兵家有書八十九篇已佚

白圭△△　今本僞

陳仲子△△△　貨殖家

許行△△

子莫

子華子

淳于髡

屈原○○　有賦二十五篇

皇子

料子　僅見尸子中時代無考

長盧

吁子

呂不韋○○○　有書二十六篇非自著

表例

(一)右表所列。據莊子天下篇。荀子非十二子篇正論篇解蔽篇。尸子廣澤篇。韓非子顯學篇。史記孟子荀卿列傳。漢書藝文志。參以他書。

(二)從司馬談說。強分爲道儒墨名法陰陽六家。其實此種分類。並不正確。且各家所隸。亦多未安。爲便學者檢覽。姑類列之耳。其無可隸者別爲一欄附於後。

(三)年代無正確之考據。略以並時可考之人比例推斷。強分爲四期。凡以便學者而已。勿太泥。

(四)學說完全可考者。旁施○○符。學說一部分可考者旁施△△符。

飲冰室專集之四十一

歷史上中國民族之觀察

世界眈眈六七强方俎置我中國汲汲謀剖食日不給而我於其間乃有所謂省界問題者日益滋蔓人人非之人人蹈之莫之爲而爲莫之致而致也吾於疇昔宦界商界普通之習慣見之吾於近今東中留學界益見之智識愈開進關係愈複雜而此現象愈顯著嗚呼其惡果未知所終極也吾方有事於國史汎濫羣籍輒有感觸爾乃卽今日之果以推尋昔日之因更思易今日之因以市求它日之果遂發表其研究所得以作是篇雖然考據的歸納學派非短日月所能大成吾說之不謬與否非所敢知也究吾之此論其將喚起我民族共同之感情抑將益增長我民族畛域之感情非所敢言也材而擇之是在讀者

吾草此論有先當料揀「料揀」者佛典譯文通用語以無他適當語故襲用之者二事

(一)我中國主族卽所謂炎黃遺冑者其果爲中國原始之住民抑由他方移殖而來若由移殖其最初祖國在何地此事至今未有定論吾則頗祖西來之說卽以之爲假定前提本論考證不復及此

(二)本論所研究者屬於學術範圍不屬於政論範圍故主權上主族客族之嬗代不置論焉惟刺取其有影響於各族之進化退化合幷遷徙者論之

今請先舉列研究之順序

今之中華民族。卽普通俗稱所謂漢族者。自初本爲一民族乎。抑由多數民族混合而成乎。此吾所欲研究之第一問題。

若果由多數民族混合而成。則其單位之分子。今尙有遺跡可考見乎。其最重要之族爲何爲何。此吾所欲研究之第二問題。

中華民族混成之後。尙有他族加入。爲第二次乃至第三四次之混合否乎。若有之。則最重要者何族何族。此吾所欲研究之第三問題。

民族混合。必由遷徙交通。中國若是初有多數民族。則其遷徙交通之跡。有可考見乎。此吾所欲研究之第四問題。

遷徙交通之外。更有他力以助長其混合者否乎。此吾所欲研究之第五問題。

遷徙之跡。限於域內乎。抑及於域外乎。若及於域外。其所及者何地。其結果之影響若何。此吾所欲研究之第六問題。此問題卽「中國以外更有中華民族所立國與否」之問題也。

中華民族號稱同化力最大。顧何以外來之族多同化於我。而我各省各府各州縣。反不能爲完全之自力同化。此吾所欲研究之第七問題。

自今以往。我族更無術以進於完全同化乎。抑猶有之乎。若有之。其道何由。此吾所欲研究之第八問題。

自今入於本論。

德國人種學大家麥士苗拉嘗言。「血濃於水。語濃於血。」一時以爲名言。蓋謂以皮膚骨格辨人種。不如以言語辨人種。如印度人與歐羅巴人。膚澤之黑白判然。而由語系上觀察之。其同源固歷歷可稽也。故近今考族類者。必以言語爲基。環觀全球萬國。以同一民族。而其言語龐雜。溝絕不能相通。則未有中國人若者也。閩粵不必論。卽吳越湘鄂齊燕。莫不各各有其方言。非互相遷就。則相對不能交一言也。不惟省與省爲然耳。一省中一府中。乃至一州縣中。出閭閻而若異域者。比比然也。吾粵爲尤甚。鄙人粵之新會人也。所居距省治不過二百五十里而言語已不能通。尤奇者與吾鄉相距十里許有一小鄉子有居民萬餘人。皆李氏。其語並吾鄉人亦一字不解。今英譯其所讀論語一節以資大噱。

由 誨 汝 知 之 乎 知 之 爲 知 之 不 知 爲 不 知 是 知 也

team shan beam lio dai deam? lio dai, gar lio dai, yew lio, gar yew lio, shar lio gar.

竊意其間必有一原因焉。爲研究人種者最重要之資料。惜乎東西學者寡通吾語。而吾國人又學識謭陋。且能徧識各地方言者。亦無其人。故此問題之價值。至今未題也。禮記王制云。「五方之民。言語不通。嗜欲不同。達其志。通其欲。東方曰寄。南方曰象。西方曰狄鞮。北方曰譯。」當時所謂蠻夷戎狄。所占地域。尚不及今本部十之七。而非特舌人不能自達其言語之複雜。倍蓰於今日可想見也。孟子所謂南蠻鴂舌。所謂莊嶽之間。更其顯著矣。說文序曰「諸侯力政。分爲七國。田疇異畮。車異軌。律令異法。衣冠異制。言語異聲。文字異形。始皇初幷天下。丞相李斯乃奏同之。罷其不與秦文合者。」然則秦以前之錯雜。更不可思議也。揚雄方言。作於李斯後二百餘年。其舊蹟散沒已多。卽其並時者。亦采輯未備。然溝絕固已若是矣。竊嘗讀公羊傳一書。引齊語者十數見。而莊二十八年傳云。「伐者見客。伐者爲主。」何君注云。「讀伐長言之。讀伐短言之。」上「伐」爲他動詞。下「伐」爲受動詞。而齊人同一語根。自生區別。由此推之。可知吾國諸語系中。必有一種或數種焉有語尾變化者。徒以我國文字衍形不衍聲。其變化無所寄。自李斯以秦語齊壹國文。此等語系。遂以中變耳。與語讀食字其Present Tense則讀音爲Shick其

Past Tense則讀音爲Sheek但言Shick則人人共知其爲現在但言Sheek則人人共知其爲過去不必加「已食」「既食」「食過」等字樣同一語而變化之斯足矣一入文則非加「已」「既」「過」等字不能表明其時矣其餘動詞無不如此可見文系能改變語系使其語尾變化漸漸澌滅矣又至今閩語。有以一字而讀兩音或三音者。或兩三字而讀一音者。此楊晳子爲余言余不通閩語不能舉其例此與日本人安南人各以其語讀漢字。相去幾何也。安南文書二作𠄩其讀爲Hai書三作𠀧其讀爲Ba書四作𦊚其讀爲Bon書五作𠄼其讀爲Nam餘皆類此夫言語上之差別。則既若是矣。其他風俗之習慣。宗敎之迷信。專指下等社會所信野蠻之宗教而言其各地之歧異。欲數之更僕不能盡也。以故吾解釋第一問題。敢悍然下一斷案。曰現今之中華民族自始本非一族。實由多數民族混合而成。

（附言）竊嘗論與中國不同語系之人。而欲用中國之文系者。惟有三法。其一如日本別製一種假名。與漢字相輔。其語尾變化則以假名顯之也。其二如安南一切字皆和兩爲一。其一明義。其他示音。𠄩𠀧𦊚𠄼之類是也。中國最通行之形聲字。其起原亦猶是。皆和兩爲一。明其義。其他示音也。近代繙繹歐文。如嘆咭唎等字。亦遵是道也。化學原質名目鉀鋅矽碲等。亦遵是道也。若其變化之則非一字所能顯者。則不得不附加以定其意義。如England不得不譯爲英國。English不能不譯爲英人是也。是其例之既窮者也。其三如滿洲語系。本有語尾變化。與中國劃然殊趣。但彼無文字。及其既入中原。則用中國文字。滿洲文字達海以一夜之力造成之全由人爲非出天然發達於事物生成之公理不符其不能行遠而傳久也亦宜久之遂不得不棄其語系。以從我文系。故至今滿人中其能操滿語者。已十不得一。其語系之絕滅。可立而待也。吾以爲我中國古代民族。本有多數殊異之語系。而至今不可見者。其原因皆坐是。不過滿洲語系之滅絕。近在數百年以內。故我輩能灼見而確指之。其他諸民族語系之滅絕。遠在數千年以前。故莫或能察也。然則此種文字之呑滅語言。其力之偉大可想矣。既無疑於滿洲之異語系。而獨疑於古代諸民族之異語系乎。

民族未混成以前。其分別部居之族凡幾。此非今日所能確言也。則還古籍搜遺跡。舉其大者。王制東方曰夷。被髮文身。南方曰蠻。雕題交趾。西方曰戎。被髮衣皮。北方曰狄。衣羽毛穴居。當時（後儒多言王制爲殷制其成必在春秋戰國間）所謂四裔。總不出今之本部十八省以外。其俗尚與中國殊異既若此。雖然。王制所舉。不過泛語方位。未足爲徵信也。說文蠻下云。南蠻蛇種。從虫䜌聲。閩下云。東南越蛇種。從虫門聲。狄下云。赤狄本犬種。從犬亦省聲。貉下云。北方豸種。從豸各聲。羌下云。西戎牧羊人也。從人從羊亦聲。蜑下云。南方夷也。從虫延聲。以上所舉。雖其訓釋出於自尊卑人之習。不可據。至其列舉犖犖數大族。實考古之一資料矣。竊嘗論之。先秦以前分宅中國本部諸族。除炎黃一派之華族（謂中華國民族也以下皆省稱華族）以外。凡得八族。今分論之。

（一）苗蠻族　苗族與我族交涉最古。自黃帝迄舜禹。爲劇烈之競爭。盡人知之。自春秋戰國秦漢以來。苗名不顯。通稱曰蠻。逮明以後。始復以苗聞於上國。今按舊史通稱之蠻。泰半皆苗裔也。（亦有非苗族者下別論之）今貴州附近之苗。其自稱曰 Mun（據日本鳥居龍藏說鳥居氏嘗探險於苗疆者二年有奇歸而著書甚富）正與蠻音脗合。吾古代稱之曰苗 Miao 山海經亦稱三苗曰三毛。Mäo 蠻 Mun 苗 Miao 毛 Mäo 一音之轉。至易見。此族最初之根據地。左傳指定位置。曰左洞庭。右彭蠡。則今湖南之岳州長沙。湖北之武昌。江西之袁州瑞州臨江南昌南康九江。是其地也。當其盛時。有絕世偉人蚩尤爲之酋帥。涉江逾河。伐我炎黃華族之不斬如縷。黃帝起而攘之。經顓嚳堯舜禹數百年血戰。始敺之。復南保殘喘於故壘。而舜征苗。至蒼梧九疑崩焉。固已至湘桂之交矣。洎漢以來。有長沙蠻。武陵蠻。五溪蠻。澧中蠻。漊中蠻。黔中蠻諸名。皆在今湖南。而江西已無復苗跡。漢光武建武中。劉尚馬援征蠻。皆泝沅江而上。其窟穴已移於洞庭以西矣。今澧州常德一帶。是其鄉也。隋唐間。置錦溪巫敘四州以處苗。則今之辰州永順間也。五代馬氏據湖南。併吞四州。與土酋更立銅柱爲界。宋熙寧間。又別置沅誠二州以轄屬羣蠻。則今沅州貴州之銅仁思州境矣。元明淸三代屢創之。雍正間改土歸流一役。獮薙尤劇。而至今貴州之全部分。湖南之辰沅。廣西之密邇湘黔一大部分。若懷遠。若思恩。若柳州。若慶遠。猶爲此族棲息之所。云蓋此族數千年來退避的遷徙。其跡最歷歷分明。由江北而江南。由湖東而湖西。卒泝沅江以達其上游苦瘠之地。展轉委靡以極於今日也。

又此族自舜禹時。遷其一部分於三危。卽今甘肅燉煌地。其後別爲西羌族。下篇論之。

(二)蜀族　中國歷史皆有同一神話。惟蜀獨異。其古昔名王。有若蠶叢。若柏灌。若魚鳧。若杜宇。李白所謂開國茫然四萬八千歲。不與秦塞通人煙者也。說文巴下云。虫也。象形。蜀下云。桑中蟲也。象形。爾雅釋文引 巴蜀本蟲名。今變爲地名者。殆與閩同例。初轉爲種族名。古代言異族皆不齒人類別以惡名加之觀上所引說文可見 更以名其種族所居之地也。夫蜀天府膏腴。其面積足當今之日本。有岷涪諸江。華離錯綜。灌域甚廣。又適當溫帶。最宜於初民發生之地。而陸有劍閣。水有瞿塘。重險隩區。天下稱最。古代戰術未精。他族之侵入不易。則其間有一獨立之民族。自固其所。此族之被知於我族。當與苗族同時。黃帝元子昌意降居若水。娶蜀山氏女。生高陽。既交通焉。唐虞以還。無復黃帝之遠略。自爾不相聞問者且二千年。逮秦惠王用司馬錯伐蜀滅之。其地始合幷於中原。歷兩漢三國。同化殆盡。

(三)巴氐族　巴與蜀自古非同族也。世爲仇讎。華陽國志云蜀王伐苴侯苴侯奔巴巴求救於秦秦滅蜀遂滅巴苴 蓋自劍閣以內爲蜀族根據地。其外則巴族根據地也。巴族之起。蓋自巴江嘉陵江沿岸。今四川保寧綏定兩府閒。其後寖沿大江而下。今四川之重慶夔州。湖北之宜昌荊州。皆其部落分布之地。在古有庸國。嘗與蜀族從周武王伐殷。其後庸巴合併。至春秋時與楚壤相接。史記稱楚肅王爲扞關以拒蜀。實則巴也。（扞關在今湖北宜昌府長陽縣班志所謂江關也）其在漢以後。謂之廩君蠻。（後漢書南蠻傳廩君種條下云初巴樊瞫相鄭五姓皆出於武落鍾離山（文獻通考引此文注云今夷陵郡巴山縣余按今之宜昌府也）巴氏子出赤穴四姓子生黑穴未有君長共立巴氏子務相是爲廩君四姓皆臣之巴梁間諸巴皆是也（余按范史所載神話尙多今不錄但此爲巴族最古之神話也））板楯蠻。（後漢書南蠻傳又云板楯蠻者秦昭襄王時有一白虎傷害千餘人王募能殺虎者賞邑萬家有巴郡閬中夷廖仲等射殺虎（中略）代號爲板楯蠻閬中有渝水其人多居水左右（余按閬中即今保甯府渝水即嘉陵江然則其爲巴族無疑也且據范史所記廩君板楯兩種事蹟多相出入而史乃別標之若異族然殊爲失當））其別種爲氏。（通典氏條下云西戎之別種在冉駹東北廣漢之西然則當在今潼州府綿州一帶其與巴同族之證下文詳之）秦縣其地以爲巴郡。漢發其人以定三秦。武帝元封間。徙氏之一部分於酒泉。（今甘肅嘉峪關地）光武建武中和帝永元中。兩徙板楯之一部分於江夏。（今湖北江夏府）其地江夏者。上稱沔中蠻。漢末則張魯以鬼道役屬其人。天下大亂。板楯廩君之裔。自巴西之宕渠。（今四川綏定府）遷於漢中。（今陝西漢中府）號爲車巴。魏武克漢中。後復遷氏於秦川。將以弱蜀。自是巴氏種充斥關中矣。未幾其一部落復還於略陽。（今甘肅鞏昌府）李成苻秦。皆以此興也。（晉書載記稱李特之祖當魏武時率五百家由漢中遷略陽又稱苻洪爲略陽氏其先本居漢中然則李苻殆同徙者可爲巴氏同種之一證）至六朝間。則今武昌襄陽一帶。皆其窟穴。至西魏後周王雄陸騰兩次斬刈之。其族遂衰。

（四）徐淮族　亦稱東夷族。但此所謂東夷。與秦漢時所謂東胡異。彼在域外。而此居域中也。其住地約當前明鳳陽巡撫所治全境。今江南之淮安府徐州府廬州府。山東之曹州府。河南之歸德府一帶。而復沿山東半島之海岸線。歷黃海方面之莒州膠州。至渤海方面之登州萊州。皆其族之散布地也。夫初民之起。必沿河岸。淮水爲四瀆之一。其在古代。獨自出海。未嘗與江河合流。其間有特別之民族起焉。無足怪者。徵其歷史。則夏太康有夷人之亂。殷仲丁有藍夷之寇。（俱見通典）及於周初。管蔡武庚。挾以抗王室。周公東征三年。克奄遷其君蒲姑。（今亳州）魯公伯禽之世。徐淮交起。是以有費誓之作。（俱見書序）洎穆滿時。而徐特盛。徐偃王朝三十六國焉。（見韓非子）穆王使楚伐之。未能克也。（見通典）宣王時。復大有事於徐淮。詩所謂率彼淮浦。省此徐方。又曰。徐方繹騷。震驚徐方。又曰。鋪敦淮濆。截彼淮浦。又曰。徐方既同。徐方來庭。又曰。淮夷來求。皆極力鋪揚我軍容之盛。比例推之。則敵之强亦可見也。蓋以周初之盛。封建之廣。能越江以樹吳國。不能沿淮以奠徐夷。自戰國以前。徐淮一甌脫地。未嘗一受治於華族主權下也。史記稱太公初封營丘。萊夷卽與之爭國。（齊世家）春秋僖三十年。介人侵蕭。介在今膠州。蕭在今徐州。以區區小國。能越千里而侵人者。其所經地。皆我族勢力範圍外也。爾後其在山東半島者見併於齊。其在洛陽一帶者見併於楚。至秦壹天下。東夷乃漸同化矣。而其遺俗之强武。數千年來。猶爛然有聲於國史。劉漢之興以淮泗。朱明之興以鳳潁。其他各時代。每天下有事。此族必蹶然爲重於一方。或且動全國。太平寰宇記云。淮南之地。人多躁急。剽悍勇敢。輕進。斯地氣之使然也。其民族之特色滋顯著矣。若最近之李鴻章。苗沛霖。其代表也。而袁世凱。或亦其將來之代表也。

又案此族在古代。其勢力蓋甚强。殆奄有今山東省之全境。左傳昭二十年。晏子語齊景公曰。昔爽鳩氏始居此地。季萴因之。有逢伯陵因之。蒲姑氏因之。然後太公因之。所謂爽鳩季萴有逢伯陵蒲姑者。未知屬何族。但觀周公克奄遷其君於蒲姑。則此族與奄必有關係。可知合諸齊世家萊夷爭國之文。則徐奄淮萊殆同族歟。又史記五帝本紀稱。神農時。有夙沙氏煮海爲鹽。不用帝命。其民叛之而歸炎帝。而左傳襄十七十八年。兩記齊臣夙沙氏之事。是夙沙之裔至春秋之季而猶盛也。然則夙沙氏或卽爲此族最初之聞人矣乎。

(五)吳越族　吳越與徐淮地雖接近。而大江界之。徐淮自古爲華族勢力所不及。吳越則夏周時通焉。其最初民族非同源甚明。史稱泰伯逃之荊蠻。其稱號與苗種頗相混。雖然此族與他族有一最顯著之異點焉。曰斷髮。史記吳世家稱泰伯文身斷髮。示不可用。以避季歷。漢書地理志越人文身斷髮以避蛟龍之害。苗族以髮爲飾觀最重之具。束之卷之滋惜焉。(據日人鳥居氏所說也凡野蠻最能保守此必其古代傳來之習慣矣)必無或斷之明矣。赤縣神州中斷髮之族。舍此亦更無他也。(西人之斷髮亦近今百年餘間耳前此雖稍截短之然猶披垂盈尺觀一世紀前名人之遺像可見也然則全地球斷髮之俗或以吳越人爲始亦未可知今考據未周不敢確言)夫河澤與河流。皆於初民之發生最適焉。太湖及錢塘江沿岸。有一種特別之民族也。亦宜。漢書地理志又云吳越之君皆好勇。故其民至今好用劍。輕死易發。隋書地理志稱蘇州俗以五月五日爲鬬力之戲。各料强相敵。事類講武。然則其族之本性。蓋甚尙武焉。今則惟浙東一帶。此風尙見一二。餘地率與漢隋志所記成反比例。此其中殆有別原因焉。下方更論之。

(六)閩族　周官職方氏掌四夷八蠻七閩九貉五戎六狄之人民。則閩爲一大族。由來久矣。其形從虫。其聲與苗蠻皆相近。其與苗族有血緣與否。今不可確指。但至今日。而其語系猶劃然異於他省。則其爲特別種族。殆可推見。(鳥居氏調查苗俗與臺灣生番相似之點甚多果爾則閩之與苗必有關係矣但吾終疑古昔之苗族未必能廣殖於今之福建也若兩族果同源則其相緣者必又不止此兩族矣下方更論之)史記稱漢武帝平閩越。徙其人於江淮間。盡墟其地。後有遁逃山谷者頗出。然則此族受創夷蓋特甚焉。魏晉以後。有所謂泉郎者。今泉州府之住民。史稱爲盧循海賊(晉末爲劉裕所滅者)之餘燼。想亦七閩之一支派也。

(七)百粵族(附蜑族)　「五嶺以外古稱百粵。以其族繁多不能指名也。通典云「五嶺之南人雜夷獠。不知教義。以富爲雄。鑄銅爲大鼓。初成懸於庭中。置酒以招同類。人多搆讎怨。欲相攻擊。則鳴此鼓。有鼓者號爲都老。」廣東通志銅鼓山條下文略同山在今文昌縣以土中掘出大銅鼓得名也余案此數語者。於人種之研究。大有價值。近數年來。西人往往於「印度支那。」安南暹羅緬甸諸地總名及南洋巫來由羣島得銅鼓。其模範款識與吾國所記悉脗合。宋周去非嶺外代答云「廣西土中銅鼓耕者屢得之其製正圓而平其面曲其腰面有五蟾分據其上蟾皆累蹲一大一小相負也周圍款識其圓紋如古錢其方紋如織簟各以其成章合其衆紋大類細畫圖陣之形」今日本之帝國博物館（在東京上野）藏有銅鼓三一爲在廣東所得者一爲在爪哇國所得者一爲暹羅王室所贈者其模範款識皆若一與周去非所記無纖毫異近世史家以此物爲研究南亞諸民族之關繫一大要具焉。研究銅鼓始於德儒哈士氏實現今歐美人中第一漢學家也其言謂今印度支那及巫來由島民皆以此物爲宗教品極重視之云余按日本博物館所藏暹羅贈品乃其王贈與日皇者其必爲至貴品可推見周去非記又云交阯人往往私買以歸復埋於山未知其何義也此亦可爲此物含宗教性質之證通典稱有鼓者號爲都老然則亦非盡人所能有也粵人與南亞諸族既同有此物其用法亦同則其人種必有關係可斷大率自貴州之南部。廣西之西南部。廣東之全部。以及安南暹羅緬甸南掌。下逮南洋英屬荷屬羣島。乃至南印度之一小部分。皆爲同一民族所占地域。明人某所著八十二蠻略記（據哈士所引不著作者姓名今無從指出）云「廣順安順興義各屬蠻每歲首擊銅鼓若掘地得鼓則富者出重價爭購余按廣順安順興義等在黔省南部經廣西之西隆雲南之廣南等地以達安南其道甚近彼諸府已在苗族勢力範圍外必與百粵族有瓜葛矣其某地爲最初發生。某地爲後起移殖。則今尚未有定論。要之與中華民族及其他腹地諸族絕不相蒙。可斷言也。又通典所謂好搆讎怨。常相攻擊。此風至今不衰焉。蜑族者。亦有研究之一値者也。至今此族尚繁。殆不下百萬。我族莫肯與通婚姻。但其人皆居水中。以船爲家焉。夫人民必與土地相附。此通則也。若蜑族者。絕無寸土。誠爲全地球獨一無二之怪現象。吾粵人習見之。而莫能言其所自來。今按蜑爲種族之稱。已見說文。則其起原甚古可知。隋書南蠻傳云。與華人雜處。曰蜑。曰俚。韓文公房公墓誌云。林蠻洞蜑。然則蜑族昔固洞居。而與華人雜厠者也。其由陸入水。不知仿自何時。要之爲我族所逼。不能自存於陸地。是以及此。抑亦其自入水後。與我無爭。故能閱數千年。傳其種以迄今日。古百粵之族。其留純粹之血統。以供我輩學術上研究之資料者。惟

此而已

（八）百濮族　書牧誓微盧彭濮人。左傳文十六年百濮聚於選。昭九年巴濮楚鄧吾南土也。昭十九年楚子爲舟師以伐濮。所謂濮者何族。其所居何地。此人種學研究之一要點也。杜預春秋釋例云建寧郡南有濮夷。無君長。各以邑落自聚。故稱百濮。案晉建寧郡在今雲南界。其族在建寧南。則爲雲南境內可知也。吾欲以今之猓玀當之。請述其論據。疇昔學者。往往以猓玀爲苗之別種。而雲貴人久與相習者。皆能言其異點。近者日人鳥居龍藏實歷調查。益言其間劃然爲一鴻溝。兩族世爲仇讎。競爭至今尚劇。猓玀所居地域。則自雲南全部。北至四川之會理州寧遠府皆極盛。東北至嘉定敍州。亦間有焉。南則散及安南之東京。東則至貴州之安順府止焉。而滇黔交界地。即畢節威寧鎮雄昭通間。實苗猓衝突之燒點也。其言此兩族骨格上習俗上文明上。皆有絕異之處。文多不具徵。其文題曰支那苗族之地理學的分布及其現況見地學雜誌第百七十四卷今以其說爲假定前提。按諸地理則惟古百濮當之也。通典邊防典有尾濮木綿濮通文面濮折腰濮赤口濮諸名。尾濮在興古郡今雲南府西南千五百餘里。赤口濮在永昌。今永昌府沿襲濮名之種。見於秦漢後古籍者僅此。讀史方輿紀要雲南鎮南州條下云濮落蠻所居。巨津州條下云唐時爲濮獹蠻所居。楚雄府條下云漢後爲雜蠻耕牧地。蠻名峩碌。趙州大理府屬條下云後爲羅落蠻所居。永昌府條下云古哀牢國。又四川馬湖府鎮雄軍民府烏蒙軍民府東川軍民府天全六番招討使司酉陽宣撫司四川行都指揮使司諸條下。皆言爲蠻獠所居。又元置羅羅斯宣慰司於建昌路。今寗遠府晃寗縣也以上諸名。其羅羅斯與猓玀。即爲同一譯語。盡人能知。羅落亦極相近。至易見者。其他濮落。Plo 濮獹、Piiou 峩碌。Glok 哀牢 Glou 獠 Leau 其族名皆以 L 發音。或加 P，G 爲助音。Russia 吾國譯爲鄂羅斯俄羅斯等名亦加一 G 字助音然則

（獠猓族有峨碌哀牢等名無足怪者）而其所在之地。又與古之濮今之猓玀正相合。然則摭拾彼諸族之片影於舊史。會通而論之。雖不中當不遠矣。史記西南夷傳。區其域為五大部。曰。西南夷君長以十數。夜郎最大。其西靡莫之屬以十數。滇最大。自滇以北君長十數。邛都最大。自越巂東北君長以十數。筰都最大。自筰以北。君長十數。冉駹最大。除冉駹北邇漢中。為氐羌部落外。自餘則皆濮族也。夜郎有今貴州之安順府雲南之昭通府廣西之興義府地。滇有今雲南之雲南府楚雄府地。邛都有今四川之寧遠府地。筰都有今四川之嘉定府邊地。又自葉榆（約當今之姚州鎮南）以外。至於昆明。（今洱海）地方數千里。無君長。則今大理永昌邊徼地也。其服飾上之區別。夜郎滇邛皆椎髻。筰則被髮。昆明以外則辮髮。其社會組織上之區別。夜郎滇邛筰皆居國。昆明以外則行國。然則其種族固有自差異焉。但其大體當出於一。故統謂之濮而概以百也。（今猓玀所分別種亦繁）自楚莊蹻漢唐蒙司馬相如後。此族漸通上國。然數千年來同化於我者不通一郡分。至今猶悍然為梗於一方。其在蜀之會理寧遠越巂外徼者。往往販吾民為奴隸。殘暴滋甚云。（亦烏居氏所述）

又今雲南之北部有一種族名麼些者。其俗亦頗與猓玀異。猓玀麼些皆有文字。猓玀文頗肖日本之假名。麼些文則酷類埃及之象形字。此兩族之關係若何。今難確言。但其文明似較苗族略為優勝。殆其天然之質性。有以踰於苗乎。又此族與綿亙兩廣之猺族。異同之點何在。不能確指。或謂其關係甚切密者。果爾則百粵百濮之血緣。必有期功之親矣。其審定俟諸異日。

此吾臆推我國各地原始時代所有民族之大概也。大抵諸族之起。非沿大江。則緣大湖。黃河灌域。則有我中華民族焉。洞庭湖。鄱陽湖。及揚子江中游灌域。則有苗族焉。岷江灌域。則有蜀族焉。嘉陵江及揚子江上游灌域。則有巴氏族焉。淮水灌域則有徐淮族焉。太湖錢塘江及揚子江下游灌域。則有吳越族焉。閩江灌域。則有閩族焉。西江灌域。則有百粵族焉。滇池及洱海灌域。則有百濮族焉。夫初民之起。必沿河流。此盡人所能道矣。而近六十年來。學者益發明湖沼與初民之關係。一八五三年大旱魃瑞士之舍彌華湖涸焉見湖底有許多杙工家屋爲巢居時代人民所構造者自此西人研究湖沼之學益盛知其重要與河流等。且或過之。今吾之此論。吾信其可爲世界之史學家地學家增一左證也。

前所論列之八族。皆組成中國民族之最重要分子也。其族當邃古之時。或本爲土著。或自他地遷徙而來。今不可考。要之自有史以來。卽居於中國者也。而其中除苗濮二族外。率皆已同化於中華民族。無復有異點痕跡之可尋。謂舍諸族外更無復華族可也。若其近古以後。灼然見爲外族。其大部分今猶爲異種。而小部分溶化以加入華族者。亦有可指焉。今先部居其種族之名稱位置。次乃論其與我族之交涉。

附　史記匈奴傳戎狄名義考

史者所以記一民族之發達進化及其與他民族之競爭交涉故必深明各民族之位置然後其交涉發達乃可得而言每讀國史見其稱外族統曰夷蠻戎狄其事蹟互相出入眩瞀不可方物吾深苦之當亦凡治斯學者所同以爲病也故今先研究春秋以前錯居大河南北諸族以史記匈奴列傳爲主別其部居析其謬誤以就正於中外之歷史學地理學人種學大家焉

（史記正文）唐虞以上有山戎獫狁葷粥居於北蠻隨畜牧而轉移（中略）毋城郭常處耕田之業然亦各有分地毋文書以言語爲約束（中略）夏道衰而公劉失其稷官變于西戎邑于豳其後三百有餘歲戎狄攻大王亶父亶父亡走岐下（中略）其後百有餘歲周西伯昌伐畎夷氏後十有餘年武王伐紂而營雒邑復居于酆鄗放逐戎夷涇洛之北以時入貢命曰荒服其後二百有餘年周道衰而穆王伐犬戎得四白狼四白鹿以歸自是之後荒服不至後二百有餘年周幽王用寵姬褒姒之故與申侯有郤申侯怒而與犬戎共攻殺周幽王於驪山下遂取周之焦穫而居于涇渭之間侵暴中國秦襄公救周於是周平王去酆鄗而東徙雒邑當是之時秦襄公伐戎至岐始列爲諸侯是後六十有五年而山戎伐燕燕告急於齊齊桓公北伐山戎山戎走其後二十有餘年而戎狄至洛邑伐周襄王襄王奔于鄭之氾邑（中略）於是戎狄或居於陸渾東至於衞侵盜暴虐中國（中略）周襄王既居外四年告急於晉晉文公初立欲修霸業乃興師伐逐戎翟迎內周襄王居於雒邑當是時秦晉爲强國晉文公攘戎翟居於河內圁洛之間號曰赤翟

白狄。秦穆公得由余。西戎八國服於秦。故自隴以西有綿諸緄戎翟獂之戎。岐梁山涇漆之北。有義渠大荔烏氏朐衍之戎。而晉北有林胡樓煩之戎。燕北有東胡山戎。各分散居谿谷。自有君長。往往而聚者百有餘戎。然莫能相一。自是以後百有餘年。晉悼公使魏絳和戎翟。戎翟朝晉。後百有餘年。趙襄子踰句注而破幷代以臨胡貉。其後與韓魏共分晉地。則趙有代句注之北。魏有西河上郡。以與戎界邊。其後義渠之戎築城郭以自守。而秦稍蠶食。至於惠王。遂拔義渠二十五城。惠王擊魏。魏盡入西河及上郡於秦。秦昭王時。（中略）遂起兵伐殘義渠。於是秦有隴西北地上郡。築長城以拒胡。而趙武靈王亦變俗胡服。習騎射。北破林胡樓煩。築長城。自代並陰山至高闕爲塞。而置雲中鴈門代郡。（中略）燕亦築長城。自造陽至襄平。置上谷漁陽右北平遼東遼西郡以拒胡。當是時。冠帶戰國七。而三國邊於匈奴。其後趙將李牧時。匈奴不敢入趙邊。後秦滅六國。而始皇帝使蒙恬將十萬之衆北擊胡。悉收河南地。因河爲塞。築四十四縣城臨河。徙適戍以充之。而通直道。自九原至雲陽。因邊山險塹谿谷可繕者治之。起臨洮至遼東萬餘里。又度河據陽山北假中。當是之時。東胡彊而月氏盛。匈奴單于曰頭曼。頭曼不勝秦。北徙十餘年。而蒙恬死。諸侯畔秦。中國擾亂。諸秦所徙適戍邊者皆復去。於是匈奴得寬。復稍度河南。與中國界於故塞。頭曼有太子曰冒頓。（中略）射殺頭曼。自立爲單于。（中略）遂東襲擊東胡。滅東胡王。而虜其人民及畜產。（下略）

吾讀此文有急欲研究者三事。

一　文中所謂戎所謂狄所謂胡。爲別名耶。爲通名耶。

二　若爲通名。則諸戎諸狄諸胡。悉爲同種耶。抑其間各有種別耶。

三　若各有種別。則何者與匈奴為同種。何者與匈奴為別種。

禮記王制西方曰戎。北方曰狄。故普通學者率皆以西北之位置區劃戎狄。雖然。按諸史記此文。其同在一地。歷史上事實相銜接者。忽稱戎。忽稱狄。（或翟）忽又戎狄並稱。其界線不可得而指也。不直此也。徵諸春秋及左氏傳。狄伐周。管夷吾平戎於周。晉為周伐狄。齊使平戎於晉。晉重耳出奔狄。古書以為其母國也。而重耳之母國。即所謂大戎狐姬生重耳之戎也。狐偃為文公之舅。而書云交城狄地。狐偃生。今有祠。又驪姬言於晉獻公曰。疆場無主。則啓戎心。又曰。狄之廣莫。於晉為都。又穆天子傳。陵翟來侵。天子使孟悆討戎。諸如此類。不可枚舉。由是觀之。漫以戎狄分古人種之界限。必陷謬誤。無可疑者。（此節為觀雲復余書辨戎狄界說者今採之）戎狄既為通名。不能以此分種界。於是吾輩考古之業。遂糾紛而無朕。吾乃據羣籍以比推之。臆斷史記本文所述者。凡為三族。

一曰根據今山西陝西而侵入雜居於內地者。

二曰根據今甘肅而侵入雜居於內地者。

三曰根據今遼東而侵入內地但未雜居者。

其根據今山西陝西之族。則史記本文所舉什八九屬焉。其族為控弦游牧之衆。最悍盛。而蹂躪之地最廣。在黃帝時謂之獯鬻。五帝本紀所謂黃帝北逐獯鬻是也。在堯時謂之狄。其種之可知者八。墨子所謂堯北教八狄是也。堯都平陽。即今太原。太原羣狄之根據地也。自堯以前。我族皆宅河南。至堯乃渡河而北。突入狄窟奠都焉。堯之明德遠矣。及舜封后稷棄於邰。棄堯之母弟。而邰今陝西延安也。其地夙為我族勢力所不及。至是開殖焉。自茲以往。周人與此族交涉最繁。國語所謂不窋失官。竄於戎狄之間。（史記本文作公劉而周本紀作不窋與國語合當從本紀）蓋周之受封。本在狄地。至是而國爲狄所陷也。公劉崎嶇。稍復舊業。及太王又見偪南遷。孟子稱太王事獯鬻。故知太王所避者與黃帝所逐者爲同族也。其時彼燄張甚。史稱武乙之世。犬戎寇邊。故王季始卽位。伐西落鬼戎。次乃伐義渠之戎。燕京之戎。余無之戎。始呼之戎。翳徒之戎。（見後漢書及竹書紀年）至文王時。其在西者謂之昆夷。其在北者謂之玁狁。其總稱曰畎夷。本文所謂西伯昌伐畎夷是也。逸周書曰。文王立。西距昆夷。北備玁狁。此采薇出車之所爲作也。（詩采薇序云文王之時西有昆夷之患北有玁狁之難）知昆夷玁狁爲同族者。出車之詩曰。天子命我。城彼朔方。赫赫南仲。薄伐西戎。是西北同一役。而主帥皆南仲也。夫曰玁狁曰畎夷。與獯鬻之獯皆從犬。故知卽太王所避之狄。至西伯而始大雪其恥也。史記周本紀又稱閎夭求驪戎之文馬獻紂以釋西伯。則春秋時驪戎之原始。可得稽焉。王季所伐義渠之戎。則至戰國而猶存者也。其余無之戎。後儒謂春秋之東山皋落氏也。是皆緣此可以推見春秋諸戎之關係者也。史稱武王始放逐之涇洛之北。則武王以前。其族錯居涇洛南可知。是今之西安鳳翔一帶皆戎跡也。穆王以還。周威墜地。其族復東南徙。「六月」之詩曰。玁狁孔熾。我是用急。又曰。玁狁匪茹。整居焦穫。侵鄗及方。至于涇陽。又曰。薄伐玁狁。至于太原。是宣王時。其勢力復及于涇水以南今鳳翔及甘肅平涼地矣。周伐之至太原。其跡不可謂不遠。而終不能勝也。翌代而遂有犬戎入周殺幽王之事。周遂以東。此犬戎卽文宣所伐之玁狁。王季所伐之畎夷。而太王所避黃帝所逐之獯鬻也。自茲以後。其族散居腹地。隨王室而東。偏於揚拒泉皋伊雒間。（杜注云伊闕北有皋亭顧棟高春秋大事表云今洛陽縣西南有泉城卽皋戎地也）統稱曰赤狄。時最强悍。兩次陷京師。又滅邢滅衛侵齊侵魯侵晉侵鄭。前後百年間。患不絕於中國。知諸戎卽爲狄者。僖十一年廿四年兩次陷京師。春秋前書曰揚拒諸戎。後書曰狄。而皆王子帶召之。事同一貫也。知其爲赤狄種者。赤狄隗姓。而惠王之狄難。（僖二十四年之難）由狄后隗氏也。（晉文公取廧咎如二女叔隗季隗即此族）蓋自周之既東。此族一部落雜處中原。而其本部有在今陝西者。有在今山西者。在陝西者。則秦當其衝。在山西者。則晉當其衝。秦與此族世爲仇讎。自周宣王時。使秦仲爲大夫誅戎。爲戎所殺。仲之子莊公兄弟五人皆伐戎。莊公長子世父棄位讓其弟襄公。身入戎窟者十數年。而驪山之難。襄公捍戎功最高焉。時戎奪我岐豐。平王命秦能逐戎。卽以其地界之。歷襄公文公。戎地遂復。是爲秦立國之始。然岐豐以西。猶然戎也。及秦繆公用由余。以霸西戎。闢地千里。益國十二。（此秦本紀文匈奴傳言服八國未知孰是）故此族之別部。雖陸梁於東。其本部已迫蹙於西。自是戎不能復爲秦患。惟義渠一部延殘喘及於戰國。秦昭王滅之。則秦地無復戎跡矣。晉始興於曲沃。本戎狄之窟穴。故籍談曰。晉居深山之中。戎狄之與鄰。而遠於王室。王靈不及。拜戎不暇。（左傳昭廿五年）故終春秋之世。晉與狄競。未嘗一日寧息。若東山皐落氏。若廧咎如。若潞氏。若甲氏。若留吁。若鐸辰。皆赤狄也。若鮮虞。若肥。若鼓。皆白狄也。若鄋瞞。長狄也。若驪戎。則亦其種落也。大抵春秋之初。赤狄之本部在晉。而侵略及中原。白狄之本部在秦。而侵略及晉。（左傳晉侯使呂相絕秦曰白狄及君同州君之仇讎而我之婚姻也）其後則竟東北趨入於直隸界矣。（宣十五年荀林父敗赤狄於曲梁曲梁今廣平府也白狄最後亡者爲鮮虞鮮虞今正定府也）自晉滅潞滅肥滅鼓以後。腹地之狄大衰。昭公元年荀吳敗狄于太原。傳美之曰崇卒也。蓋至是而我族聲威始能復及唐堯周宣所經略之地。蓋自今甘肅之平涼。陝西之延安。山西之汾州太原。直隸之保定順天。此界線以南。則我族之土地也。彼族雖有居者。亦既同化焉。界線以北。若今甘肅之鞏昌蘭州。則翟豲緜諸戎地也。慶陽則義渠戎地也。寧夏則朐衍戎地也。今山西之大同朔平間。則樓煩地也。今直隸之宣化。則林胡地也。此戰國初期形勢之大凡也。

厥後經趙李牧燕秦開秦蒙恬數次大挫之。我族與彼族始劃長城以爲界。夫自秦以前。戎狄之名稱以百數。而未聞有匈奴及秦而此絕强大之種族忽發現於西北者蓋前此縱橫馳突於我中原腴沃之地各自趨利。而又有我族諸强國間隔犄角之故其勢莫能統一。及經春秋戰國。爲我族殲擊殆盡。其存者宛轉竄於穹北苦瘠之地。蹉躓頻續則同胞互相急難之情生。地段毗連則雄主臂指相使之勢易。故頭曼冒頓繼起遂能組織一大國南向復與我族爭也。當是時也我族非有秦漢之統一。則必爲彼所鯨吞。彼族非有匈奴之統一亦將爲我族所蠶食。兩族相鬩凡數千年。而其統一事業同成於前後數十年之間豈不異哉豈不異哉今更櫽括黃帝至漢初數千年間彼族之形勢綜論之。自黃帝至堯舜。彼族初起殆自西北游牧而來。我名之曰獯鬻。時陝西之全部及山西什之九。（山西入我族者惟鄰河南之平陽一隅）皆其所占地。堯起而攘之有山陝之半。而彼之勢力一挫。舜禹因之。威棱更遠。是爲第一期。夏殷之衰。國威不振。於是彼族漸復唐虞以前所占地。（成湯奄有氐羌時彼族當一小挫然其時不久）我名之曰獯鬻曰畎夷曰狄。殷周之交猾擾滋甚。始分兩支。其在西者我名之曰昆夷。亦曰西戎。其在北者我名之曰玁狁。是爲第二期。周之統一。并力攘之。輒復辟易。而我族勢力之遠。尙不能如堯禹時。是爲第三期。穆王以後。西北二支更迭交侵。遂亡宗周。徂東以避其鋒。猶復躡跡以至蹂躪中原。至春秋上半紀。彼族聲光達於全盛。是爲第四期。秦晉急難。汲汲外攘。亙百餘年。殲彼醜虜。臥榻之側。無復鼾睡。洎春秋末。光復之烈。已過堯禹。戰國時趙燕秦三雄繼之。毆其餘孽。投諸北裔。豐功偉烈。前古未聞。是爲第五期。秦壹天下。國力益充。威震殊俗。而彼族亦以憂患之餘。亟相保聚。又得英鷙之主。整齊以使令之。於是南北兩帝國對峙。至成漢代之劇爭。是爲第六期。以上就史記匈奴傳略加引申詮次之。史公所記大致蓋不謬也。今更就六時代記其重要之名義爲表如下。

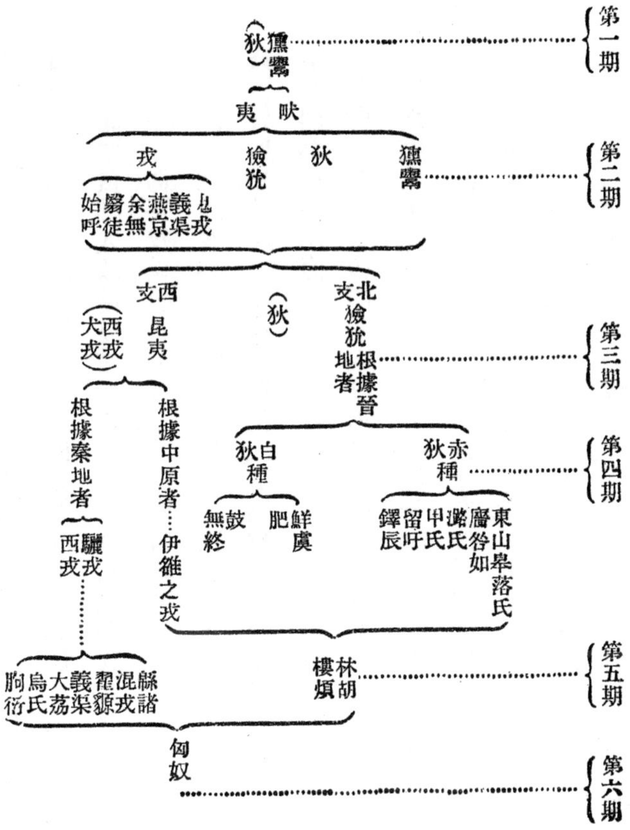

其根據今甘肅而侵入雜居於內地者。曰陸渾之戎。亦稱姜戎。亦稱陰戎。亦稱允姓之戎。此族本三苗之裔。其後衍爲羌族者。史記此文以之與諸戎狄混合爲一。是大謬誤也。知陸渾姜陰允姓爲一族而四名者。左氏僖二十二年傳云。秦晉遷陸渾之戎於伊川。襄十四年傳云。范宣子數戎子駒支於朝曰。來姜戎氏。昔秦人迫逐乃祖吾離於瓜州。乃祖吾離（中略）來歸我先君。我先君惠公有不腆之田。與女剖分而食之。昭九年傳晉以陰戎伐潁。王使詹桓伯辭於晉曰。允姓之姦。居於瓜州。惠公歸自秦。而誘以來。合三傳觀之。僖廿二年。正惠公歸自秦後之九年。則所遷陸渾之戎。卽允姓陰戎。而昔居瓜州。其後晉率之以伐周者。蓋秦貪其地。（戎子云秦人貪於土地逐我諸戎）而晉貪其人。故傳既言秦迫之。復言晉誘之。而又言秦晉同遷之也。十四年傳。呼之爲姜戎氏。而戎子又言殽之師。晉禦其上。戎亢其下。是卽僖三十三年傳所謂遽興姜戎者也。故知姜戎卽允姓陰戎。亦卽陸渾戎也。知其爲三苗後者。昭九年傳又云。先王居檮杌於四裔。以禦魑魅。故允姓之姦。居於瓜州。杜注云。陰戎之祖。與三苗俱放三危者。瓜州今敦煌。襄十四年傳云。謂我諸戎是四嶽之裔胄也。毋是翦棄。杜注不直指爲三苗後者。蓋以此語。然堯舜時四嶽固有異族之歸化民爲之者。舜所殛四凶。古注多以爲卽舊四嶽。然則不能以此爲難也。漢書西羌傳言其爲古三苗後。當必有所本。而此族名姜戎。是其爲羌族之確證也。（杜注以姜爲姓可謂望文生義）吾今援此諸證。立以上所陳之假定前提。此前提若不謬。則此族與獯鬻犬戎匈奴之族。其起源截然不同甚明。且尤有證者。彼族常與晉爲勍敵。而此族則終春秋之世服屬於晉。若奴隸然。襄十四年傳又云。我諸戎除翦其荆棘。驅其狐狸豺狼。以爲先君不侵不畔之臣。（中略）自是以來。晉之百役。與我諸戎相繼於時。以從執政。豈敢離逷。是其證也。詹桓伯又云。戎有中國。誰之咎也。以此歸罪於惠公。然則惠公以前。此戎未入中國可知。而前此他戎狄之猖獗者。已數見不鮮。其與此族之事實毫無干涉。章章明甚也。

其根據今遼東以侵入內地而未嘗雜居者。曰山戎。亦曰東胡。即後世契丹金源滿洲之族。西語所稱為通古斯族。通古斯 Tunguse 者。東胡二字之音譯也。近人不知其本名反從彼所譯者還譯之則何不稱孔子為可夫沙士也此族自春秋初頗猖獗於東北。為燕患苦。及齊桓公北伐定燕。大挫其鋒。春秋莊三十年齊人伐山戎三十一年齊侯來獻戎捷自是戢焉。至秦漢之交而復盛。未幾復見併於匈奴。史公以之與諸戎並稱。恐亦失檢。諸戎之起。皆在西陲。徵諸前所列據章章甚明。當隱桓間。西北戎猾夏之力。尚未極盛。不應遽能越中原諸國以苦窮北之燕。且秦漢之間。諸族皆統一於匈奴。而東胡獨強盛。與為敵國。此東胡何以能突然發生也。通觀漢後數千年歷史。彼居於今西伯利亞及滿洲地之民族。與彼居於今蒙古地之民族。每不能同化。故吾持山戎與獯鬻異族之說。雖求諸古籍。不能得完全有力之證據。而終覺史公混合之說為不安也。或引史記五帝本紀稱黃帝北伐獯鬻合符釜山而邑於涿鹿之阿是獯鬻古在東北之據余按獯鬻之在西北幾已成不可搖之鐵案本紀此文讀法當自「東至於海」至「合符釜山」為一節是言黃帝之游蹤「邑於涿鹿之阿」與下「遷徙往來無常處以師兵為營衞」相連是言黃帝之國都及行在不能以此為獯鬻在涿鹿附近之證也苟持此說則必以蚩尤為獯鬻之會長乃可

附　春秋夷蠻戎狄表

按此表與『史記匈奴傳戎狄名義攷』同時作，皆舊著『國史稿』之一部分。又有『春秋時代我族與戎狄交涉表』殘稿五頁，又半似即此表之初稿，較簡略，茲不復錄。

春秋夷蠻戎狄見於經傳者凡十二種族。

(一)戎　即戎州己氏之戎。在今山東曹州之曹縣。左傳杜注云陳留濟陽縣東內有戎城

(二)北戎　亦名山戎。其部落曰無終。以北戎山戎無終定爲一族者據左傳孔氏正義說也　在今直隸永平之玉田。玉田縣治有古無終城

(三)姜戎　亦名陰戎，亦名允姓之戎，亦名陸渾之戎。知四者同名者僖二十二年左傳秦晉遷陸渾之戎於伊川襄十四年傳范宣子數戎子駒支於朝曰來姜戎氏昔秦人迫逐乃祖吾離於瓜州乃祖吾離來歸我先君我先君惠公有不腆之田與女剖分而食之昭九年傳云允姓之姦居於瓜州惠公歸自秦而誘以來合三傳觀之僖二十二年正惠公歸自秦後之十年則所遷陸渾之戎而昔居瓜州者可知蓋秦貪其地而晉貪其人故傳既言秦迫之又言晉誘之而復言秦晉同遷之也襄十四年傳呼爲姜戎氏戎子又自言殽之師晉禦其上戎亢其下故知姜戎即陸渾戎也昭九年晉率陰戎伐潁王使詹桓伯辭於晉指爲允姓之姦故知陰戎即允姓戎也　亦名小戎。僖十二年傳杜注小戎即允姓戎　亦名九州戎。昭二十二年哀四年傳杜注九州戎即允姓戎　初居甘肅關外。杜注瓜州今敦煌按今甘肅嘉峪關外地也　移於今河南洛陽。

(四)伊雒之戎　其種類有揚拒泉皋等名。知與陸渾之戎不同族者陸渾未遷以前已有事於中國也　在今河南洛陽。

(五)蠻氏戎　一名戎蠻子，一名茅戎。據杜注在今河南汝州。杜注河南新城縣西南有蠻城前漢志河南新城縣曰蠻中故戎蠻子國按今河南汝州西即有蠻城

(六)犬戎　亦名西戎。在今陝西鳳翔境內。史記匈奴傳犬戎殺幽王於驪山下晉文侯秦襄公救周逐之其遺種在中國者尚散居渭濱間

(七)驪戎　在今陝西西安之臨潼縣。縣治東二十四里有大驪戎城

(八)狄　其種類有赤狄。有白狄。有長狄。其部落有東山皋落氏。有廧咎如。有潞氏。有甲氏。有留吁。有鐸辰。（皆赤狄）有鮮虞。有肥。有鼓。（皆白狄）有鄋瞞。（長狄）其游牧出沒之地。自今山西以迄直隸河南。皆與晉爲邊。而直接今山東之境。於諸族中爲最强。

(九)夷　其見於經傳者曰淮夷。在今江蘇淮安。曰介。在今山東萊州。曰萊夷。在今山東登州。曰根牟。在今山東沂州。曰徐。在今江蘇徐州。

(十)蠻　經傳言羣蠻。其地不可深考。蓋在今湖南北之間。

(十一)濮　經傳言百濮。其地不可深考。蓋在今湖南辰沅以外。

(十二)巴　在今四川重慶。

今將諸族與吾族交涉之歷史列表如下。

	戎	北戎	姜戎　伊雒　蠻氏	犬戎　驪戎	狄	東夷	蠻　濮　巴
隱公	二年春公會戎於潛八月公及戎盟於唐七年天王使凡伯來聘戎伐凡伯於楚丘以歸	九年北戎侵鄭					
桓公	二年公及戎盟於唐						十三年楚屈瑕伐羅羅與盧戎兩軍之

莊公	閔公	僖公
十八年公追戎於濟西 二十一年冬齊人伐戎 二十四年戎侵曹曹羈出奔陳亦歸於曹 二十六年春公伐戎		
三十年齊人伐山戎以其病燕故 三十一年六月齊侯來獻戎捷		十年齊侯許男伐北戎
		十一年揚拒泉皋伊雒之戎同伐京師入王城 十二年齊侯使管仲平戎於王 使隰朋平戎於晉 十三年秋會於鹹以謀王室爲戎難故 十六年王以戎難告于齊齊徵諸侯城周 二十二年秦晉遷陸渾之戎於伊川
二十八年晉伐驪戎驪戎男女以驪姬	二年虢公敗犬戎於渭汭	二年虢公敗戎於桑田
三十二年冬狄伐邢	元年春齊人救邢 二年冬十二月狄人入衞 晉侯使太子申生伐東山皋落氏	元年夏邢遷於夷儀齊師宋師曹師城邢 二年春諸侯城楚丘而封衞 八年夏狄伐晉 十年春狄滅溫溫子奔衞 十三年春狄侵衞 十六年秋狄侵管 十八年五月宋襄公曹伯伐齊狄救齊 冬邢人狄人伐衞 二十年秋齊人狄人盟于邢 二十一年春狄侵衞 二十四年夏狄伐鄭
		十三年淮夷病杞 二十九年春介葛盧來 冬介葛盧來 三十年狄介人侵蕭
九年楚及巴師圍鄾 十八年巴人叛楚而伐那處取之遂門於楚		

公	文公	宣
三十三年晉人及姜戎敗秦師於殽	八年公子遂從晉趙盾會伊雒之戎盟於暴 十七年周甘歜敗戎于邥垂	
	三年秦霸西戎	
冬天王出居於鄭避狄難也 二十五年夏晉侯納王 三十年夏狄侵齊 三十一年冬狄圍衛衛遷於帝丘秋晉蒐於清原作五軍以禦狄 三十二年夏衛人侵狄秋衛人及狄盟 三十三年夏狄侵齊 秋狄伐晉晉人敗狄於箕郤缺獲白狄子	四年夏狄侵齊 七年夏狄侵魯 九年夏狄侵齊 十年冬狄侵宋 十一年秋狄侵齊 冬十月魯叔孫得臣敗狄于鹹獲長狄僑如 十三年冬狄侵衛	三年秋赤狄侵齊 四年夏赤狄侵齊 六年秋赤狄伐晉 七年秋赤狄侵晉 八年夏晉師白狄伐秦 十一年秋晉侯會狄于欑函衆狄疾赤狄之役遂服于晉 十三年秋赤狄伐晉 十五年晉師滅赤狄潞氏以潞氏嬰兒歸獲長潞
		七年夏齊侯伐萊 九年夏齊侯伐萊 九年魯取根牟
	十六年楚大饑羣蠻叛楚 十六年百濮聚於選 十六年楚人秦人巴人滅庸	

公	成公	襄公	昭公	定公
		四年無終子嘉父因魏莊子納虎豹之皮以請和諸戎	元年春晉荀吳敗無終及羣狄於太原	
	元年王師敗績于茅戎 六年晉伯宗衞孫良夫鄭人伊雒之戎陸渾蠻氏侵宋	五年王使王叔陳愬戎於晉	九年晉率陰戎伐潁 十六年楚誘戎蠻子嘉殺之既而改立其子 十七年晉荀吳帥師滅陸渾 二十九年晉趙鞅荀寅帥師城汝濱（陸渾所居也）	
狄獎如 十六年春正月晉人滅赤狄甲氏及留吁	三年晉郤克衞孫良夫伐廧咎如 九年冬秦人白狄伐晉 十二年秋晉人敗狄于交剛	十八年春白狄來 二十八年夏白狄與諸侯朝于晉（時白狄屬楚）	元年夏晉荀吳帥師敗狄於大鹵 十二年秋晉荀吳滅肥以肥子歸 冬晉伐鮮虞 十三年秋晉荀吳侵鮮虞 十五年秋晉荀吳帥師圍鼓以鼓子歸 二十二年六月晉荀吳再滅鼓	三年秋鮮虞人敗晉師於平中 四年晉士鞅衞孔圉帥師伐鮮虞 五年冬晉士鞅帥師圍鮮虞
	十八年王湫奔萊	二年春齊侯伐萊 六年冬齊侯滅萊	四年夏楚子及諸侯淮夷會于申 秋七月楚子以諸侯及淮夷伐吳	
			十九年楚子爲舟師以伐濮	

哀公
四年晉人執戎蠻子赤歸于楚
元年秋師及齊師衞孔圉鮮虞人伐晉 三年春齊衞圍戚求援於中山(中山即鮮虞) 四年冬荀寅奔鮮虞 六年春晉趙鞅帥師伐鮮虞

徵右表所列。則當時諸外族之地位及其勢力可得而論次焉。其最強者莫如狄。以吾考之。狄蓋即秦漢以後所謂匈奴者。（考別見）當春秋時游牧於黃河北岸。遷徙往來無常處。蹂躪殆數千里。其初起於今山西隰州吉州之間。後乃漸東徙。縱橫於直隸河南山東諸腹地。閔僖之間。鴟張最甚。滅邢滅衞滅溫伐齊伐魯伐鄭伐晉。觀此則此諸國皆與狄地毗鄰明甚矣。羣狄始以合而強。終以分而滅。（僖文以前經皆通書狄宣公以後乃有赤狄白狄之名是狄始合終分之明證）而其援中國以免於狄難者。惟晉之功。晉人先攜白狄而結之以圖赤狄。赤狄滅後乃從事於白狄焉。赤狄著者六部落。潞爲最。白狄著者三部落。鮮虞爲最。晉人之滅潞也。其君臣合全力僅乃克之。荀林父敗赤狄於曲梁。遂滅潞。而晉侯身自治兵於稷。以略狄土。稷在山西絳州之聞喜。而曲梁在直隸廣平之雞澤。緜亙七百餘里。戰線之長。古今所罕見也。先十年而謀之。先五年而間之。（宣六年晉侯欲伐狄荀林父曰使疾其民以盈其貫將可殪也十一年晉求成於衆狄衆狄疾赤狄之役遂服於晉至十五年乃滅潞）再越五年。乃收成功焉。（宣十六年晉滅赤狄甲氏及留吁鐸辰成三年晉伐廧咎如討赤狄之餘）戰事之久。又並世所無也。故晉之滅赤狄。我民族一大紀念也。其時朝歌邯鄲百泉諸地。久淪於狄。先王名都皆左衽焉。至是始復內屬。班志謂河內殷墟。更屬於晉。則滅潞一役爲之也。微晉之強。則劉聰石勒之禍。或將早見於春秋也。潞氏既滅。赤狄餘種遂不支。白狄之悍稍亞於赤。晉初結以爲援。後乃貳於楚。故昭定哀間晉人有事於鮮虞者數十年。然晉既稍不競。故終春秋之世不能得

志於鮮虞。後遂爲中山國。延殘喘於七雄之間。及趙武靈王滅之。然後狄患絕跡於內地。

其次爲西戎。我民族興於西土。故與西戎競爭最劇。殷高宗伐鬼方。太王居邠。狄人侵之。此狄乃西戎非春秋之赤狄白狄余別有考王季伐昳夷。皆其部落也。自秦晉遷其一部分於伊川。其在西方之勢始漸殺。而在中原之勢力乃寖强。秦晉所遷陸渾戎當爲西戎一種但既至中原與本種離故前表別著之秦人經營戎索殆有年。但其前事不可深考。襄十四年傳秦人迫逐戎祖吾離於瓜州及春秋僖文間。秦繆公用由余以伐戎。益國十二。開地千里。遂霸西戎。史記戎王使由余於秦由余其先晉人也亡入戎能晉言聞繆公賢故使由余觀秦（中略）繆公退而問內史廖曰今由余賢寡人之害奈何廖曰戎王處僻匿未聞中國之聲試遣以女樂以奪其志留由余莫遺以失其期君臣有間乃可圖也公曰善因與由余曲席而坐傳器而食問其地形與其兵勢盡察而後以女樂遺戎王王受而說之終年不還於是秦乃歸由余由余數諫不聽繆公又數使人間要由余由余遂降秦三十七年秦用由余謀伐戎王益國十二開地千里我民族勢力拓殖於西方自茲始。

其次爲山戎。蓋肅慎鮮卑之族。久跋扈於東北。爲燕齊患。自齊桓定霸。大挫其鋒。管子小匡篇北伐山戎制泠支斬孤竹又云北至於孤竹山戎濊貉按漢書地理志云孤竹城在遼西會支縣又貉在今吉林濊在今朝鮮皆當時我民族聲威所及也僖文以降。不復能得志於中國矣。

其次爲河洛間諸戎。雖不甚强。而爲心腹患。揚拒泉皋伊雒諸戎之寇京師也。實王子帶召之。遂入王城。焚東門。此後十餘年間。戎患不絕。申侯以後。此爲第二次矣。懷抱私怨而引外族以賊同胞。此中國人不可洗滌之惡德。而帶作俑焉。帶實對於我全族而犯叛逆之罪。非徒獲戾於周家而已。抑晉惠公亦同罪之一人也。貪姜戎之爲己用。而遷置諸肘腋之下。使擾攘吾神京者數十年。其子孫屢率之以伐中國。且犯及京師。詹桓伯責之曰『先王居檮杌於四裔。以禦魑魅。故允姓之姦居于瓜州。伯父惠公歸自秦而誘以來。使偪我諸姬。入我郊甸。則戎焉取之。戎有中國誰之咎也。后稷封殖天下。今戎制之。不亦難乎。』詞嚴義正。千載後猶當誦之。漢氏不察。裂地以款匈奴。所以釀劉石符姚之禍。毒及於百世也。春秋之末。以晉楚之力。僅滅陸渾蠻氏。而中國亦幾病矣。

東夷自春秋前頗猖獗。詩屢言淮夷徐夷可證入春秋則寖弱。蓋齊桓之功也。然以蕞爾之介。猶能越千里以侵蕭。介在今山東膠州蕭在今江南之徐州相去千有餘里則其勢力之非薄弱可想。特所居非中原競爭之地。故其與我族交涉之事跡罕傳於後耳。及楚將圖吳。遂結淮夷爲應援。始加入於國際。徐夷昔甚强。東遷前已僭王號。春秋末滅於吳。自吳楚爭霸。而東夷乃漸滅以盡矣。

羣蠻百濮者。殆皆有苗氏之後。其在春秋。尚當極盛。然當時楚地不越洞庭。交涉不繁。事蹟無紀。巴蜀爲我先民入中國初經之地。神明遺裔。頗有存焉。然與中原既相邈隔。其歷史蓋若覺若夢矣。要之當時外族與我族關係甚切密者。曰戎。曰狄。而東夷次之。若南之蠻與濮西之巴羌。謂無與於歷史之大勢焉可也。

春秋時代中國民族勢力所及之地。爲今河南、陝西、山東、山西、直隸、湖北、江南、江西、浙江之九省。而僖文宣間。卽此九省中爲外族所錯居者尚四之一。蓋自陝西之延安山西之隰州、吉州、潞安、太原。直隸之廣平、順德、正定、保定、眞定、永平、河南之衞輝。皆爲狄地。河南之河南汝州皆與羣戎雜居。陝西之西安爲驪戎地。鳳翔以西爲西戎地。山東之青州沂州曹州與東夷雜居。登州萊州以至江南之淮安徐州。皆東夷地。而楚吳越又皆夏蠻雜糅。主治者雖黃帝子孫。若其民則冠帶之族十不得二三也。一言蔽之。則在大河南者兩岸確定我民族之勢力範圍。是春秋時代之事業也。

外族之錯處。於我民族之統一事業。最有助力焉。中國之爲一大帝國也。孕育於晉齊秦楚。而秦乃成之。晉起曲沃。蕞爾小邦也。而能建中部北部統一之基礎者何也。晉人之言曰。狄之廣漠。於晉爲都。晉之啓土。不亦宜乎。莊二十八年傳又曰。晉居深山。戎狄之與鄰。而遠於王室。王靈不及。拜戎不暇。昭十五年傳又曰。吾先君之亟戰也有故。秦狄齊

楚皆彊。不盡力。子孫將弱。今三强服矣。敵楚而已。成十六年傳讀此諸語。則晉人勃興之原因。從可想矣。（未完）

飲冰室專集之四十二

中國歷史上民族之研究

本篇即「五千年史勢鳥瞰」之一部分。本年春夏間曾在北京清華及高師兩校講演者。其未愜處甚多。故存之待他日改正。十一年雙十節著者記

一

民族與種族異。種族為人種學研究之對象。以骨骼及其他生理上之區別為標識。一種族可析為無數民族。例如條頓種族析為英德等民族。斯拉夫種族析為俄塞等民族。一民族可包含無數種族。例如中華民族含有羌種族。狄種族。日本民族中含有中國種族倭奴種族。

民族與國民異。國民為法律學研究之對象。以同居一地域有一定國籍之區別為標識。一民族可析為兩個以上之民族。例如中國當戰國三國六朝時。一國民可包含兩個以上之民族。例如今中華國民兼以蒙回藏諸民族為構成分子。

血緣。語言。信仰。皆為民族成立之有力條件。然斷不能以此三者之分野。遂指為民族之分野。民族成立之唯一的要素。在「民族意識」之發現與確立。何謂民族意識。謂對他而自覺為我。『彼日本人。我中國人』凡遇一

他族而立刻有「我中國人」之一觀念浮於其腦際者。此人即中華民族之一員也。史記楚世家兩載楚人之言曰『我蠻夷也』一為西周時楚子熊渠之言一為春秋初楚武王之言此即湖北人當春秋初期尚未加入中華民族之表示。及戰國時。天下冠帶之國七而楚與居一焉。則其時楚人皆中華民族之一員也。南越王佗自稱『蠻夷大長』此即漢文帝時。廣東人尚未加入中華民族之表示。及魏晉以後。粵人皆中華民族之一員也。滿洲人初建清社。字我輩曰漢人。而自稱旗人。至今日則不復有此稱謂有此觀念。故凡滿洲人今皆為中華民族之一員。反之。如蒙古人。雖元亡迄今數百年。彼輩猶自覺彼為蒙人而我為漢人。故蒙古人始終未嘗為中華民族之一員也。

民族意識。曷為能發見且確立耶。其詳細當讓諸民族心理學之專門研究。舉要言之。則『最初由若干有血緣關係之人人。民族愈擴大則血緣的條件效力愈減殺根據生理本能。互營共同生活。對於自然的環境。常為共通的反應。而個人與個人間。又為相互的刺戟相互的反應。心理上之溝通。日益繁富。協力分業之機能的關係。日益緻密。乃發明公用之語言文字及其他工具。養成共有之信仰學藝及其他趣嗜。經無數年無數人協同努力所積之共業。釐然成一特異之「文化樞系」。與異系相接觸。則對他而自覺為我。』此即民族意識之所由成立也。凡人類之一員。對於所隸之族而具此意識者。即為該民族之一員。吾所釋民族之意義略如是。今準此以論中華民族。

二

中華民族為土著耶。為外來耶。在我國學界上。從未發生此問題。問題之提出。自歐人也。歐人主張華族外來者。亦言人人殊。或言自中亞細亞。或言自米梭必達美亞。或言自于闐。或言自外蒙古。或言自馬來半島。或言自印度。或言自埃及。或言自美洲大陸。（註一）吾以爲在現有的資料之下。此問題只能作爲懸案。中國古籍所記述。既毫不能得外來之痕跡。若摭拾文化一二相同之點。攀引淵源。則人類本能不甚相遠。部分的暗合。何足爲奇。吾非欲以故見自封。吾於華族外來說。亦曾以熱烈的好奇心迎之。惜諸家所舉證。未足以起吾信耳。

（註一）中亞細亞說。英人 Robinson 所倡。米梭必達美亞說。法人 Lacuperie 所倡。于闐說。德人 Rechthofen 所倡。印度說。英人 Davis 法人 Pauthier 所倡。埃及說。法人 Deguignes 所倡。美洲說。法人 Gobineau 所倡。餘兩說頗後起。吾未能舉其名。

欲知中國何時始有人類。當先問其地氣候何時始適於住居。據近年地質學者發掘之結果。則長城以北。冰期時已有人跡。卽河南中原之地。亦新發現石器時代之遺骨及陶器等多具。則此地之有住民。最少亦經五萬年。若不能舉出反證以證實此骨非吾族遠祖所遺。則不能不承認吾族之宅斯土已在五萬年以上。故所傳「九頭」「十紀」等神話。雖不敢認爲史實。然固足爲我族淵源悠遠之一種暗示。然則卽云外來。亦決非黃帝堯舜以後之事。外來說之較有力者。則因有數種爲此地稀乏之物。我先民習用而樂道之。例如玉爲古代通寶。而除于闐外。此土竟無產玉之區。麟鳳龍號稱三靈。而其物皆中亞細亞以西所有。然此等事實。認爲古代我族對西方交通頻繁之證。差足言之成理。遽指彼爲我之所自出。恐終涉武斷也。

復次中華民族。由同一祖宗血胤衍生耶。抑自始卽爲多元的結合。據舊史則唐虞夏商周秦漢。皆同祖黃帝。而後世所傳姓譜。大抵非太嶽胤孫。卽高陽苗裔。似吾族純以血緣相屬而成立。然卽以史記所紀而論。既已世次矛盾。罅漏百出。（註二）後乎此者。彌復難信。且如商周之詩。誦其祖德。曰『天命玄鳥。降而生商』。曰『厥初生民。時維姜嫄』。使二代果爲帝嚳之胤。詩人何至數典而忘。乃反侈陳種種神祕。以啓後世『聖人無父感天而生』之怪論故知古帝王之所自出實無從考其淵源揆度情理恐各由小部落崛起彼此並無何等繫屬蓋黃河流域一片大地處處皆適於耕牧遂古人稀儘可各專一壑耦俱無猜故夏商周各有其興起之根據地商周在虞夏時固已存在但不必為虞夏所分封此等小部落無慮千百而皆累千百年世其業若近代之「土司」諸部落以聯邦式的結合在「羣后」中戴一「元后」(註三)遂以形成中華民族之骨幹

(註二)據三代世表黃帝五世孫為帝堯八世孫為帝舜五世孫為大禹十七世孫為成湯十八世孫為周文王時代全不相應學者久已疑議百出或強為之解皆不能成理

(註三)元后羣后名稱屢見於尚書

吾族自名曰「諸夏」以示別於夷狄諸夏之名立即民族意識自覺之表徵「夏」而冠以「諸」抑亦多元結合之一種暗示也此民族意識何時始確立耶以其標用「夏」名可推定為起於大禹時代何故禹時能起此種意識以吾所度蓋有三因第一文化漸開各部落交通漸繁公用之言語習慣已成立第二遭洪水之變各部落咸遷居高地日益密接又以捍大難之故有分勞協力之必要而禹躬親其勞以集大勳遂成為民族結合之樞核第三與苗族及其他蠻夷相接觸對彼而自覺為我(註四)自茲以往「諸夏一體」的觀念漸深入於人人之意識中三代同祖黃帝等神話皆從此觀念演出遂成為數千年來不可分裂不可磨滅之一大民族

(註四)尚書皋陶謨大禹陳述治水經過云『各迪有功苗頑弗即工』似是苗族當治水時不肯協力或尚有其他擾亂之事以此與吾族加增惡感又禹貢有嵎夷淮夷萊夷和夷島夷析支渠搜崐崘諸名當是既平水土之後我族領域日廣與外族接觸日繁

復次中華民族既由同一樞核衍出此樞核最初之發源地果在何處耶依普通說古帝王都邑所在地如下

包犧　都陳（河南陳州）
神農　都陳　遷曲阜（山東今縣）
黃帝　都涿鹿（直隸今縣）
顓頊　都帝丘（直隸濮陽縣）
帝嚳　都亳（河南偃師）
帝堯　都平陽（山西臨汾）
帝舜　都蒲坂（山西永濟）
大禹　都安邑（山西今縣）
成湯　都亳
文王武王　都豐鎬（陝西長安）

吾輩姑據此種傳說爲研究基礎。自然發生下列三個問題。（一）何故古帝王皆各異其都。似中國文化並非一元的發展。（二）神話時代的包犧神農既奠居黃河下游沃壤。何故有史時代的堯舜禹三帝。反居山西塞瘠之地。是否吾族發祥果在高原。前此神話。並不足信。（三）黃帝帝堯等。是否起自西北之異系民族。（同系中之小異）而我族文化。實自彼等傳來。黃河下游。並非最初之樞核。右第（一）（三）兩問題。當於第四節附帶說明。今專論第（二）問題。吾確信高等文化之發育。必須在較溫腴而交通便利之地。黃河下游爲我文化最初樞核。殆無可疑。堯舜禹之移居高原。其唯一理由。恐是洪水氾濫之結果。孟子稱舜爲『東夷之人』其所留史蹟之地如歷山。如負夏。學者多考定在今山東。夏代諸侯國之見於史者。如有窮、有仍、斟灌、斟尋等。其地亦在河南山東間。吾儕因此種暗示。可推想虞夏之交。我族一切活動。實以此域爲中心。中間遭値水禍。去溼就燥。不過一時現象。水土既平之後。旋復其故也。

三

民族之正確分類。非吾學力所能及。但據東西學者所研索而略成定說者。則現在中國境內及邊徼之人民。可大別爲六族。

一中華族
二蒙古族
三突厥族即土耳其族
四東胡族東籍所稱通古斯族即東胡之譯音
五氐羌族
六蠻越族

此六者皆就現在而言。若一一尋其歷史上之淵源。則各族所自出及其相互之關係。殆複雜不易理。卽如我中華族。本已由無數支族混成。其血統與外來諸族雜糅者亦不少。此當於次節詳言之。今但略示蒙古以下五族之概念。

蒙古族　狹義的蒙古族。在歷史上甚爲晚出。公歷十世紀後。始以蒙兀兒之名見於史乘。非久遂建設元代之大帝國。廣義的蒙古族。殆與東胡極難析劃。史籍上所謂山戎、烏桓、鮮卑、吐谷渾、奚、契丹、室韋、韃靼等皆此族之主要成分。元亡以後退出塞北。今猶有一千萬人以上。遊牧於內外蒙古及青海等地。

突厥族　與今歐亞間之土耳其族同源。因隋唐間突厥特強。故以此名傳。史籍上所謂獯鬻、玁狁、匈奴、柔然、鐵勒、回紇、葛邏錄、乃蠻、黠戛斯等皆屬此族。此族自遠古後期至近古中期約二千年間爲禍甚劇。但未嘗一度入主中夏。此族大部分今居於中亞細亞及歐洲東部。其小部分則明清以來號爲回回。散居新疆及甘肅雲南之一部。

東胡族　廣義的東胡族。如前文所說。實可謂爲蒙古族所自出。與現在之蒙古族分子混化甚多。狹義的東胡族。專指古來居於今東三省及朝鮮半島者。史籍中之肅愼、挹婁、勿吉、靺鞨、高句驪、渤海、女眞等屬之。最近滿洲入主中國。可謂爲此族之全盛。但清代二百餘年間。次第同化於我。至今日殆全失其民族的獨立性。

氐羌族　此族之名。詩書已見。知其起原甚古。其後見於史籍者。則漢之月氏。唐之吐蕃。宋之西夏。元之烏斯藏。明之西番。皆屬之。在中國境內者。以西藏爲根據地。而雲南之猓猓。川邊之土番。皆其同族。境外則緬甸及北印度之一部。亦其勢力範圍。

蠻越族　此族極複雜。三代之苗、蠻、濮、漢之南越、甌越、爨僰、唐之六詔等皆屬之。此族在今貴州雲南廣西一帶。猶存苗及擺夷等名。以示別於吾族。其在境外。則安南（苗）暹羅（擺夷）其胤胄也。

四

凡一民族之組成分子愈複雜者，則其民族發展之可能性愈大。例如西南部之苗及猓猓等，雖至今日，血統蓋猶極純粹，然進步遂一無可見。現代歐洲諸名國之民族，殆無不經若干異分子之結合醇化。大抵每經一度之化合，則文化內容必增豐一度。我族亦循此公例，四五千年日日在化合擴大之途中，故精力所耗雖甚多，然根柢亦因之加厚。凡民族當化合進行期內，如動物之蛻其形，其危險及苦痛之程度皆甚劇。歐洲中世一千年之黑闇時代，皆旋轉於此種狀況之下，直至所謂現代民族者化合完成，然後得有餘裕以從事於文藝復興、宗教改革諸大業，而近世之新曙光乃出。我族以環境種種關係，能合而不能析，民族員之數量數十倍於歐洲諸族，則化合期間固宜視歐洲加長。我國黑闇時代之倍於歐洲，此或亦其原因之一也。

曰「諸夏」，曰「夷狄」，為我族自命與命他之兩主要名詞。然此兩名詞所函之概念，隨時變遷。甲時代所謂夷狄者，乙時代已全部或一部編入諸夏之範圍，而同時復有新接觸之夷狄發現。如是遞續編入，遞續接觸，而今日碩大無朋之中華民族，遂得以成立。今將吾族各時代加入之新分子有痕跡可考見者，略舉如左。先考本部固有之諸族，次及外來侵入或歸化之諸族焉。

古夷狄主要諸族名稱見於經傳者略如下。

苗（三苗）書堯典皋陶謨禹貢呂刑等　蠻詩書屢見　羣蠻左傳　黎（九黎）書堯典國語　荊（荊楚荊蠻蠻荊）最初見者詩商頌「奮伐荊楚」小雅「蠻荊來威」其後春秋時習見　舒（羣舒）詩魯頌左傳　吳（句吳）左傳　越（於越）左傳　嵎夷書堯典禹貢　萊夷書禹貢　淮夷書禹貢詩大雅魯頌　徐戎詩小雅　和夷書禹貢　鳥夷書禹貢　濮（百濮）書牧誓左傳　氐詩商頌　羌詩商頌書牧誓　庸、蜀、髳、微、盧、彭書牧誓盧戎亦見左傳　巴左傳　貊詩論語孟子　濊逸周書王會　西戎（崑崙析支渠搜）書禹貢　戎州已氏之戎左傳　北戎（山戎）（無終）

左傳鬼方易詩獫狁（昆夷）（玁狁）詩孟子允姓之戎（陸渾之戎小戎陰戎九州戎）左傳揚皋泉拒伊雒之戎左傳茅戎左傳犬戎（畎夷）左傳驪戎左傳赤狄（東山皋落氏廧咎如潞氏甲氏留吁鐸辰）左傳白狄（鮮虞肥鼓）左傳林胡戰國策樓煩同上義渠同上甌越史記閩越同上南越同上

右所列舉者殊未備。但古代民族之散布於今十八省內者略可覩矣。試以春秋中葉公曆前六世紀為立脚點。觀察當時民族分布之形勢大略可分為以下之八組。

第一 諸夏組。以河南山東兩省為根據地。直隸山西陝西湖北之一部分為屬焉。

第二 荊吳組。羣舒屬焉。以湖北及江蘇安徽之一部分為根據地。

第三 東夷組。其別為嵎夷萊夷島夷淮夷徐戎等。山東瀕海半島及安徽江蘇之淮河流域。皆其勢力範圍。

第四 苗蠻組。苗、黎、蠻、盧、濮等皆屬焉。湖南江西廣西貴州雲南等省。其所出沒也。

第五 百越組。其別為東越甌越閩越南越等。浙江福建廣東等省為其勢力範圍。

第六 氐羌組。巴、庸、蜀、及驪戎、陰戎等皆屬焉。四川甘肅及陝西之一部為其勢力範圍。

第七 羣狄組。即匈奴之前身。其異名有鬼方獫狁玁狁昆夷等。其種別有赤狄白狄長狄等。山西直隸之大部分為所蟠踞。且蹂躪及河南山東。

第八 羣貊組。即東胡之前身。其異名有山戎北戎等。遼東及直隸北部為其勢力範圍。

此八組者。第二第三第五組之全部分及第四第六第八組之大部分。今已完全消納於中華民族。然在當時。殆各有其特性以示異於我。惜史料缺乏。無從舉證。惟亦尚有一二可考見者。

一　服飾。左傳記「辛有適伊川。見被髮而祭於野者。曰不及百年此其戎乎。」論語記孔子之言曰。「微管仲吾其被髮左衽矣。」可以推定西北羣狄之俗殆皆被髮。史記吳越世家皆有「斷髮文身」語。可以推定東南瀕海之族多斷髮。史記西南夷傳稱「自滇以北皆魋結。其外嶲昆明皆編髮。」可以推定西南羌蠻或盤髮或編髮。是故對於我中華冠笄民族得名彼等曰被髮民族。斷髮民族。椎髮民族。編髮民族。

二　言語。各組各有其言語。殆事理所當然。左傳記戎子駒支云。「我諸戎衣服飲食不與華同。言語不通。」駒支爲陸渾戎。所居在今河南嵩縣。然猶未用華語。左傳又記介葛盧朝魯。待譯而通。介國在今膠州。而與曲阜之人不同言語。孟子斥楚之許行爲「南蠻鴂舌之人」。是武昌襄陽一帶土語。中原人便不了解。凡此皆足爲各組語言不統一之證。惜其語今皆殭滅。（除苗蠻羌猶存一部分外）末由考察。但據楚吳越狄之人名地名。如熊渠、執疵、熊摯紅、壽夢、闔廬、夫差、句踐、鬬穀於菟、臯落、廧咎如……等等。似各組中多複音語系。與諸夏之純用單音語者不同也。

三　宗教。各組各有其宗教。亦意中事。惜今無可博考。據國語稱「九黎民神雜糅。」書甘誓稱「有扈氏威侮五行。怠棄三正。」皆足爲古代我族與他族爭教之一種暗示。左傳記東夷有「用人於社」之惡俗。秦詛楚文所質證之大神。有巫咸、亞駝……等怪名。直至戰國時。楚人猶以特信巫鬼聞。似當時各族大抵迷信多神。與敬天尊祖之諸夏民族帶一神教色彩者頗有異也。

以上不過雜舉吾記憶及感想所及。非惟不完備。且未敢自信爲定說。特借此以表示古代彼我殊風之一概念而已。以種種殊異之諸組。何以能漸次摶捖爲一。其經過之跡何如。所操之術何如。當以次論之。

五

混諸組以成一大民族。皆諸夏同化力爲之也。故當先述能爲同化主體之諸夏組。諸夏組者。當神話時代。有多數文化相近之部落。已常爲互助的接觸。至舜禹時。民族意識確立。始漸爲聯邦式結合。歷夏商兩代八九百年。民族的基礎益趨鞏固。周創封建制度。更施一番鏈鍊組織。其制度一面承認固有之部落。使在王室名義的支配之下。各行其統治權。一面廣封宗親功臣。與之參錯。既箝制其跋扈。亦使各得機會以受吾族文化之薰染。此制度行之極有效。春秋以降。文化遂爲各地方的分化發展。晉齊燕皆立國於夷狄勢力範圍內。以多年奮鬪之結果。成爲泱泱大部。魯衞宋鄭。以文化最高之國。盡媒介傳達之責任。秦楚吳越。皆當時半開化之族。因欲與諸夏强國——齊魯等——對抗之故。不能不求得諸夏小國之同情。於是努力自進。以同化於我。故在春秋初期。諸夏所支配地。惟有今河南山東兩全省（其中仍有異族）及山西陝西湖北直隸之各一小部分。及其末期。除此六省已完全歸屬外。益以江蘇安徽二省及浙江省之半。江西省之小部分。及戰國末年。則除雲南廣東福建三省外。中國本部皆爲諸夏勢力範圍矣。其次第化合情形。須與下文所述各組之史蹟相對照。乃能明之。

次論東夷組。　東夷自昔有九夷之名。種類蓋甚複雜。在春秋前後最著者曰萊夷。曰淮夷。曰徐戎。

萊夷。　在山東環海半島登萊青一帶地。不知其所自來。以情理度之。或自海外漂流而至也。史記稱齊太公初封營丘。而萊夷來與爭國。則當周初時。其族似頗强盛。其國以襄六年滅於齊。然左傳記孔子相禮於夾谷之會。而齊人欲以萊夷劫盟。是其族至春秋末猶在。但齊之名相管仲卽萊人。可知此數百年間。藉齊國文化之權威。萊夷已次第同化。至戰國時遂無復痕跡。

淮夷。　淮夷始見禹貢。知其與我族接觸甚早。周初嘗侵暴。魯公伯禽討之。書費誓所謂『淮夷徐戎並興』是也。此後漸以臣服。故詩江漢（周宣王時）美之曰『淮夷來求』閟宮（魯僖公時）美之曰『淮夷來同』雖然此族至春秋時猶未盡同化。春秋於僖十四年記其『病杞』於昭四年記其隨楚伐吳。則依然爲諸夏以外獨立之一族甚明。

徐戎。　東部之民。以徐泗間人爲最勇悍。至今猶然。故他族皆曰夷。獨此族以戎目之。此族初見於經。卽前文所引之費誓。似是與淮夷相結作難。蓋其地本毗連也。至周穆王時。而徐偃王極强。舊史謂臣服者三十六國。夷狄稱王。自彼始焉。（史記周本紀後漢書東夷傳）宣王時大舉伐之。江漢常武兩詩。皆歌頌其績。細繹詩文。似是用淮夷！克徐戎也。故曰『率彼淮浦。省此徐土。』又曰『如雷如霆。徐方震驚。』又曰『四方既平。徐方來庭。』其記述鄭重若是。知爲當時一大事矣。此後徐戎侵暴。不見於史。惟徐國春秋時尚存。昭十三年乃滅於吳。徐戎强於淮萊而衰亡亦較速者。殆以逼近諸夏。不如邊遠者之能苟延也。

諸夏在黃河下游植基已千餘年。在理宜沿海濱南下。直開發長江流域。然而遲之又久者。殆由淮夷徐戎居中爲之梗。所以如此者。或緣淮域一帶。溼量過重。夏期酷熱。非古代諸夏所克堪。惟土著之民習焉。而其人又悍不易馴。故江河兩帶之聯屬。久愆其期也。

大抵東夷當西周時頗爲諸夏所患苦。春秋時已漸衰熄。然種別尙存。論語記孔子欲居九夷曰『君子居之。何陋之有』有夷可居而俗以陋聞．卽春秋末諸夷尙未同化之明證也．後漢書東夷傳云『秦幷六國．其淮泗夷皆散居爲民戶』故自漢以後．此一帶無復夷之名矣．

復次論荆吳組．　春秋時楚吳兩國本與諸夏爲異族．無待說明．兩國是否爲親近之族．其族何自出．苦難確考．近世治西南人種學者．或疑楚與今擺夷有緊屬．旣未能舉出鐵證．只得闕疑．詩殷武云『奮伐荆楚．罙入其阻』知商時此族已與諸夏對抗．其勢力不可侮．春秋之楚國．自言其始封祖鬻熊爲文王師．吾儕只能以神話觀之．管仲責楚人以『昭王南征而不復』語見左傳．當是當時一事實．可見周初時楚已甚强．然而彼之君長屢宣言『我蠻夷也』（見第一節）是其別有一種民族意識之證據．然則彼此後何故能與諸夏化合爲一耶．彼因勢力發展之結果．蠶食諸夏．所謂『漢陽諸姬．楚實盡之．』（左傳文）諸夏文化本高於彼．彼欲統治其所滅之國．遂不得不自進而與之同化．楚人之『用夏變夷』其最大動機當在是．此後鮮卑女眞滿洲之對我．皆以征服爲歸化．其先例實自楚開之．春秋中葉以降．楚與晉『狎主夏盟』自此遂成爲中華民族之一主要成分．

詩閟宮稱『荆舒是懲』舒與荆並舉．當亦爲古代一大族．左傳有「羣舒」之稱．其所建國有舒蓼舒庸舒鳩．在今安徽廬鳳一帶．後皆見滅於楚．此族蓋介於荆與淮夷之間．春秋時已同化終了．

吳俗斷髮文身．其族系與楚較近．抑與越較近．尙難斷定．舊史稱其開國之祖爲泰伯．雖帶半神話的性質．吾輩亦無反證以否認之．果爾．則不能不謂諸夏豪傑以有意識的行動謀開發此地．雖然．自泰伯至春秋中葉．五百餘年．吳地實在諸夏文化圈外．爲獨立的發展．後此之加入諸夏．實受楚之影響．且與楚同遵一塗徑也．

復次論苗蠻組．　苗蠻族種類甚夥．今在滇黔桂諸省者．細別之不下數十族．經學者研究之結果．區爲三大系．

曰苗。曰擺夷。曰猓猓。（猓猓與羌同族）古代有「三苗」之稱。是否卽用此分類。無從懸斷。此族來自何地。無可考。惟現在尙有安南暹邏緬甸三國代表彼族之三派。而皆在南服。或者彼族竟來自馬來羣島亦未可知。此族中有一別派號爲槃瓠種。學者或以爲卽「盤古」之異文。然則彼輩或卽爲此地最初之土著。我族神話有多數與彼混雜。亦未可知。境內諸異族中。惟此組與我族交涉最早。而運命亦最長。據漢儒說。黃帝所討伐之蚩尤。卽苗首長。（鄭玄韋昭等說）此屬神話性質。且勿深考。但據書堯典、皐陶謨、禹貢、呂刑。皆言苗事至再至三。則在古代爲我一勍敵可想。堯典稱『分背三苗』。又稱『竄三苗』。呂刑稱『遏絕苗民』。大抵當堯舜禹之際。苗族已侵入我族之根據地。故以攘斥之爲唯一大業。淮南子稱『舜南征三苗。道死蒼梧』。雖襲神話。亦當日時局一種暗示也。經累代放逐之後。其族愈竄而愈南。韓非子云。『三苗之不服者。衡山在南。岷山在北。左洞庭之陂。右彭蠡之水』。其後此根據地所在。略可推見。至春秋時。謂之蠻——以其種類雜多。謂之羣蠻。其別種謂之濮——亦以其種類雜多。謂之百濮。以現存諸族比推之。蠻殆卽苗。濮則擺夷或猓猓也。春秋時。蠻役屬於楚。然亦屢叛。（左傳桓十三年文十六年）濮似頗爲楚患。楚嘗作舟師以伐之。（左傳文十六年昭十九年杜預謂濮夷在建寧郡晉之建寧在今雲南境春秋時楚之勢力似所未及）戰國時。楚吳起南幷蠻越。遂有洞庭蒼梧之地。（今湖南廣西）秦昭王將伐楚。先略取蠻夷。置黔中郡。（今湖南及貴州之一部）其後漢武帝通西南夷。蜀諸葛亮奠定南中四郡。此組之根據地。始漸爲我有。然對於其人。羈縻而已。故二千年間。叛服靡常。至唐時。遂有南詔蒙氏之獨立。復蛻爲段氏之大理。至元代乃復合於中國。經過情節。當於次節別論之。我族對於此組。素持輕蔑排斥的態度。吸收其成分。視他族爲較少。故至今遺種尙存。然亦有數種途徑使其大部分漸次同化於我。

其一。寇暴內地。留而不歸。後遂散爲齊民。例如五胡亂時。諸蠻北遷。陸渾以南。滿於山谷。後周平梁益。自爾

遂同華人。通典文

其二　華人投入其族。撫有其衆因率以內附。例如桓玄敗後。其子誕亡入蠻中爲太陽蠻首。率八萬餘落附魏。誕子叔興復招慰萬餘戶請置郡十六縣五十。魏書文

其三　略賣爲奴婢漸孳殖成編氓。「僰僮」見史記貨殖傳。「獠奴」見杜詩。足證漢唐以來。此族奴婢久成一種貨品。如黑奴孳殖於美。寖假遂成爲美國國民之一部也。

其四　歷代用兵征服。强迫同化。自漢以來。代有斯舉。前淸兩次「改土歸流」尤爲風行雷厲。苗蠻之變爲漢族。大部分皆循此塗。

要之湘桂滇黔四省之中華民族。其混有苗蠻組之血者。恐什而八九。遠者或混化在千年以前。近者或直至現代猶未蛻其舊。此組歷史上之著姓。其在苗則舒氏彭氏田氏向氏。其在擺夷則蒙氏孟氏儂氏岑氏段氏冼氏。其在猓猓則祿氏安氏白氏龍氏沙氏。至今猶有襲土司不替者。咸同間中興悍將之田興恕卽苗族豪宗。前淸總督民國南政府總裁之岑春煊卽擺夷閥冑。洪憲親王之龍濟光卽猓猓鉅室。俯拾舉例。他可推矣。

復次論百越組。　此組類亦甚繁。其著見於史者。曰越。曰甌越。曰閩越。曰南越。曰山越。從人種上觀察。百越與羣蠻。可云同系。故或亦合稱苗越。

越。　越王句踐自稱夏少康之後。不必深考。要之彼在春秋時尙斷髮文身。劃然與諸夏殊風。無可疑者。其同化於諸夏。大抵與吳楚同一塗徑。霸諸夏故爲諸夏所化也。戰國以後。已無復異族痕跡。

甌越及閩越。　兩名似皆始見於史記。其君長云是句踐之後。閩本人種名。非地名。說文『閩越蛇種也』漢初甌閩爲

兩國。常相攻武帝建元三年『東甌請舉國徙中國。乃悉舉衆來處江淮之間。』（史記東夷傳文）元封元年。『天子曰。東越狹多阻。閩越悍數反覆。詔軍吏皆將其民徙處江淮間。越地遂虛。』（同上）據此則後此淮江間人。混合所謂「蛇種血」者必甚多。而浙東及福建各處舊種已虛。繼居其地者是否仍昔時之閩族亦成疑問。吾儕研究中華民族最難解者無過福建人。其骨骼膚色似皆與諸夏有異。然與荆吳苗蠻氐羌諸組亦都不類。今之閩人率不自承爲土著。謂皆五代時從王審知來。故有「八姓從王」之口碑。閩人多來自中原。吾儕亦承認。但必經與土人雜婚之結果。乃成今日之閩人。學者或以其瀕海之故。疑爲一系之阿利安人自海外漂來者。既無佐證。吾殊無從妄贊。但福建之中華民族。含有極瑰異之成分。則吾不憚昌言也。（浙之溫處兩州人亦然）

南越。　廣東在漢稱南越。其土著蓋雜擺夷。當在六朝時。冼氏以巨閥霸粵垂二百年。冼擺夷著姓也。然累代江淮人及中原人移殖者不少。番禺古城相傳爲越滅吳時吳遺民流亡入粵者所建。楚滅越時越遺民亦有至者。（羊城古鈔所記其出處待檢）其最重要之一役。則秦始皇開五嶺。發謫成四十萬人。隨帶婦女。（史記）實爲有計畫的殖民事業。蓋粵人之成分。早已複雜矣。漢武平南越後。亦數次徙其民於江淮。則江淮間人又含有南越成分也。今粵人亦無自承爲土著者。各家族譜什九皆言來自宋時。而其始遷祖皆居南雄珠璣巷。究含有何種神話。舉粵人竟無知者。要之廣東之中華民族。爲諸夏與擺夷混血。殆無疑義。尚有蛋族。昔居叢箐間。（忘記出何字書似是說文新附）迄未全同化。今已被迫逐作舟居。然亦未澌滅。粵人名之曰「蛋家」。不與通婚。瓊崖間有黎人。是否古代九黎之後不可考。

山越。　在今江蘇安徽一帶。漢以前無聞。吳孫權時始討之。凡十餘年乃平。最詭異者。黃武五年。大秦（羅馬）賈人秦倫至。交趾送詣權。權以所獲黝歙短人男女各十人送倫。（梁書海南傳）學者考推此短人當爲山越。此眞境內怪族之一矣。自爾以後。此族遂不復見。不審有無一部分同化於我。

復次論氐羌組。　此組與我族交涉亦甚古。商頌稱『昔有成湯。自彼氐羌。莫敢不來享。莫敢不來王。』是商時已在羈縻之列。書牧誓記從武王伐紂者。有庸、蜀、羌、髳、微、盧、彭、濮人。武王誓師發端語曰『逖矣西土之人。』此諸族中。或雜苗蠻。然要以氐羌爲多。西土本周發祥地。而氐羌實最初翼從有功者。彼輩或有一部分從周師以入居中原。恐在所不免。此組種類繁多。其同化於諸夏之年代。亦先後懸絕。今略考其所屬之各系。

一秦系。　秦人雖自稱出顓頊。而史記已稱『其子孫或在中國或在夷狄。』秦之先卽所謂在夷狄者也。其最少必有一部分氐羌混血。蓋無可疑。但所居爲宗周故都。又與晉比鄰。世爲婚姻。故其同化甚早。春秋中葉。已爲中華民族主要成分。其後遂統一全國。

二巴庸系。　庸爲牧誓中「西土」諸國之首。在商周間殆純爲異族。春秋時有庸國。在今湖北竹山縣。文十六年楚人秦人巴人共滅之。巴在今四川重慶。巴爲食象蛇。諸夏以名其族。殆如目閩人以蛇種。其名凡三見於春秋傳。（桓九莊十八文十六）皆與楚有連。戰國時滅於秦。此系當爲本組中同化之次早者。然至漢時。巴人中一部分尚爲獨立民族。後漢書南蠻傳所謂廩君種。卽其人也。亦稱爲「巴梁間諸巴」。光武時曾反叛。劉尚討之。徙其種人七千餘口置江夏界中。其後名爲沔中蠻。和帝時巫蠻復反。討平後亦徙江夏。然則今武漢一帶。雜巴種多矣。五胡時巴酋李特遂據有全蜀。然自此以後。巴人竟全化於諸夏。

三蜀系。　古代神話稱黃帝子昌意娶蜀山氏之女生高陽。此是否與後此蜀人有連。不可深考。牧誓西土之人。蜀居其一。然其名竟不見於春秋。華陽國志記蜀之先有蠶叢、魚鳧、杜宇諸帝。純爲別系神話。與諸夏殊源。戰國時秦司馬錯滅蜀。徙秦民萬家實之。(周赧元年 314 B.C.) 蜀人被諸夏之化。蓋自此始。秦伐楚漢定中原。皆發蜀卒。計蜀人以從軍入內地流寓同化者當不少。然漢高王巴蜀漢中時。南中猶弗賓。(華陽國志文) 孝文末年(163—157 B.C.) 文翁爲蜀守。墾田興學。純然華風矣。右庸巴蜀一帶皆春秋時所謂西戎。其土著之民皆屬氐羌組。秦漢以後。以次加入諸夏。其餘衆則爲後此之狹義的氐羌族。

四　狹義的羌系　羌種類繁多。見於史者蓋以百計。大約當春秋戰國時。種落嘗布於秦隴。及秦之強。畏威西徙。其根據地移於甘肅嘉峪關外諸地及青海。漢景帝時。有研種者入居蘭州一帶。(後漢書西羌傳『景帝時研種留何率種人求守隴西塞。於是徙之於狄道安故至臨洮氐羌道縣』) 宣帝時。先零種復度大通河而東。(同傳『宣帝時先零種豪言願得度湟水逐人所不田處以爲畜牧。趙充國以爲不可聽。後因緣前言遂度湟水。郡縣不能禁』) 未幾先零遂爲寇虐。趙充國擊敗之。置金城屬國。(今蘭山道境) 處降羌三萬餘人。東漢初。復兩次徙置。(建武十一年馬援破羌降之徙置天水隴西扶風三郡見援傳永平初竇固擊羌降之徙七千口置三輔見固傳) 及順桓靈間。遂大爲寇鈔。勞師三十餘年。所費三百六十餘億。厥禍與漢相終始。中間雖屢被斬刈。餘種猶盛。晉江統徙戎論謂『關中之人百萬餘口。率其少多戎狄居半。』其人大抵皆羌族也。其後大酋姚弋仲用之。建設所謂姚秦朝者。自是關中羣羌。儕於諸夏矣。餘羌散居青海新疆一帶者。尙無慮百十種。其著者曰蔥茈羌。曰婼羌。曰宕昌羌。曰鄧至羌。曰黨項羌。黨項羌最晚起而最強。唐初漸統一諸部。爲中國保塞。其後遂奄有甘肅全境。西役屬新疆。東割陝西之徼。以建設西夏國。歷二百五十年。其末葉遂純與諸夏同化。宋史稱『其設官之制。多與宋同。朝賀之儀。雜用唐宋。而樂之器與曲則唐也。』又記其『建國學設弟子員三千。尊孔子爲帝。』蓋今日秦隴一帶之中華民族。其含有姚秦及西夏之成分者。殆什而八九也。

此外羣羌散在隴右及川邊迄未同化者尚多。元明史之四川土司。乃至現在青海新疆川邊之「番子」。皆其遺種也。

五狄義的氐系。　殷商來享之氐。曾居何地。是否即與後此所謂氐者同族。今皆難確指。史記西南夷傳。『自蜀以西冉駹（今茂縣）以東北。君長以什數。皆氐類也。』則漢初氐族。殆散居今四川西川道之全境。自漢開益州置武都郡。（今甘肅縣）排其人種。分竄山谷間。或在福祿。（今甘肅酒泉）或在汧隴。（今陜西汧陽隴縣魚豢魏略西戎傳文）其俗語不與中國及羌胡同。各自有姓。如中國之姓。因與中國錯居。故多知中國語。（文獻通考四裔考文）而其根據地則在仇池。（今武都縣西北）魏武帝徙武都諸氐於秦川以禦蜀。氐人居關中自此始。其前楊氏齊氏。漢晉間屢構亂。五胡時苻堅以氐酋統一中原。文物之盛。爲諸胡最。自爾諸氐什九爲諸夏矣。堅敗後。仇池餘種仍崛强。六朝時楊氏符氏之氐亂。間見於史。唐以後無聞。

六狄義的氐羌族之最初入中國者。　前兩條所言之氐羌。皆漢以後逐漸同化者。其最初來者。當爲春秋時之姜戎——亦稱陰戎或陸渾之戎或九州之戎。左傳記周詹桓公責晉人之言。『允姓之姦。居於瓜州。伯父惠公歸自秦而誘以來。……戎有中國。誰之咎也。』（昭九年）又記晉范宣子數戎子駒支於朝。謂『昔秦人迫逐乃祖吾離於瓜州。我先君惠公有不腆之田。與女剖分而食之。』（襄十四年）瓜州即今燉煌。在玉門關外。爲甘肅極西境。吾離爲秦所迫逐。乃西徙此地。則其始似居於今陜西境。其入中國在僖二十二年。傳所謂秦晉遷陸渾之戎於伊川也。伊川今洛陽。實當時諸夏腹地。秦晉合力從數千里外之甘肅邊境徙此族於王畿所在之河南未審其目的何在。然徙異族入居內地之政略——漢以後所習行者。實則以此役爲作俑。故當認爲歷史上一大事。此族嘗從晉伐秦師於殽。至昭十七年遂滅於晉。然戎子駒支在朝會時賦青蠅之詩。知其漸染文化已深矣。西徼諸族同化最早者當推此系。蓋尙在巴蜀前也。

七徼外之氐羌。　秦隴巴蜀間諸氐羌。至隋唐時同化殆盡。然其餘種蟠踞今四川松潘迄雅安一帶者尙千餘年。明史所記四川諸土司是也。至淸代猶有大小金川之役。今其人多屛居川邊特別區。迄未盡同化。氐羌組在歷史上曾建設四大國。一曰漢時之月氏。似與春秋之陰戎同系。本居燉煌。爲匈奴所迫西徙度葱嶺。曾征服中亞細亞及印度。惟與中國交涉甚少。二曰六朝時之吐谷渾。國主雖爲鮮卑人。其所統部皆氐羌族。唐時滅於吐蕃。其地卽今之青海也。三曰唐時之吐蕃。當其全盛時。東嚮與中國爲敵國。在今則爲我藩屬之西藏。四曰宋時之西夏。卽前文所謂黨項羌之遺胤。元以後全入中國。

復次論羣狄組。　春秋時之羣狄。皆西北民族內侵者。大抵匈奴種最多。鮮卑及他種似亦已有。其種別有赤狄白狄長狄。有時亦謂之戎。今略推定其與後此北徼諸族之關係。而考其部分同化之跡。

一匈奴。　匈奴與我族交涉最早最密且最久。古代所謂獯鬻、(亦作薰粥葷粥)玁狁、(亦作獫狁厥允厥粇)鬼方、(亦作鬼戎)昆夷、(亦作混夷昆戎)犬戎、(亦作畎夷)皆同族異名。(今人王國維著有鬼方昆夷玁狁考在雪堂叢刻中考證最精覈)史記五帝本紀稱『黃帝北逐葷粥合符釜山』是否徵信今難確考。易爻辭『高宗伐鬼方三年克之』(1300 B. C ?)是此族在殷時已勞征戎。周之先太王居豳。(今陝西邠縣)爲獯鬻所迫遷於岐。(今陝西岐山縣)(1260 B. C. ?)見孟子。王季伐西落鬼戎。俘二十翟王。見竹書紀年。文王初事昆夷。後駾昆夷。見孟子及詩經。(詩緜『混夷駾矣唯其喙矣』言混夷畏周之強而驚走也)武王放逐戎夷於涇洛之北。(113

4 B. C. 以後）穆王伐畎戎取其五王。遂遷戎於太原。今甘肅慶陽縣（1001—909 B. C.）見史記。而宣王（827—782 B. C.）以伐玁狁之績。號爲中興。詩之采薇出車六月及金文中之小盂鼎、梁伯戈、虢季子白盤、不忌敦等。皆歌頌其功德。然非久至幽王。(771 B. C.)終有犬戎滅宗周之禍。(771 B. C.)綜合古籍所紀。大約匈奴當商周五六百年間。久以秦隴一帶爲根據地。商之末年。已侵入今陝西關中道之西北境。周初興時。攘斥之。乃西北徙。居於今陝西之榆林道及甘肅之涇原道。所謂涇洛以北也。及周中衰。此族漸次內侵。宣王時玁狁『侵鎬及方。至於涇陽。』不忌敦又言。『伐之於高陵。』涇陽高陵皆今縣。在長安之東。已到河渭合流處。蓋宗周西北東三面。皆在玁狁包圍中矣。宣王迫伐之至太原。詩『薄伐玁狁至於太原』薄迫也太原即慶陽非今山西省會　彼族乃稍戢威暴。蜷伏隴西。迨幽王時。遂入居涇渭間。奪取周故京。而周乃東遷洛陽以避之。

入春秋後。我族則稱彼爲「狄。」或作翟　前文所言。不過專指其居於西徼陝甘間之一部分而已。其實彼族自周初。已在北部山西一帶占有根據地。周成王以「懷姓九宗」封唐叔於晉。（1115——1079 B. C.）此九宗即匈奴邦落。說詳下　故晉人自謂。『在深山之中。戎狄之與居。王靈不及。拜戎不暇。』左傳昭十五年　又曰。『狄之廣莫於晉爲都。』莊二十八年　可見今山西一省。當晉霸未興以前。殆全屬狄族勢力範圍。春秋初期。此族之西方部落（戎）與北方部落（狄）相呼應。諸夏全體。皆受其擻。滅邢今直隸邢臺縣莊三十二年　滅衛今河南淇縣閔元年　滅溫今河南溫縣僖十年　伐晉僖八十六宣六七成九定三哀元年　伐衛衛爲狄滅遷於楚丘今河南滑縣此所伐者楚丘之衛也僖十三十六二十一三十一文十三年　伐鄭今河南鄭州僖十四二十四年　侵齊僖三十三十三文四九十一宣三四年　侵魯文七年　侵宋文十年　甚至兩次破殘京師。僖十一二十四年　諸夏根據地之河南山東。幾於無歲無戎狄之難。其猖獗可想。當時爲諸夏捍患者。前有齊。後有晉。吾儕試將史蹟比次研究。方知桓文霸業之足貴。方知孔子曷爲稱『微管仲吾其被髮左衽。』

此族部落名稱見經傳者。赤狄有東山臯落氏。（今山西垣曲縣）有廧咎如。（今地難確指）有潞氏。（今山西路城至直隸永年皆潞氏轄境）有甲氏。（今直隸雞澤）有留吁。（今山西屯留）有鐸辰。（今潞安附近）白狄有鮮虞。有肥。有鼓。（今直隸保定道全境及大名道北部皆白狄轄境）此皆積年出沒於北徼。故謂之狄。其商周以來居西徼久爲邊患者。則謂之戎。實則皆與後此所謂匈奴者同族也。晉自文公稱霸以後。未嘗一滅諸夏之國。然及春秋末年。晉之領土。占當時所謂中國者之半。蓋因彼百餘年間。盡滅羣狄。凡狄地及狄人所掠諸夏之地。皆入於晉也。同時秦人亦向西部發展。一面服屬西南諸羌。一面攘斥西北諸戎。此族始不復能逞志於內地。然猶散布於西北徼。史記匈奴傳所謂『自隴以西有緜諸緄戎翟獂之戎。岐梁山涇漆之北。有義渠（今甘肅慶陽）大荔（今陝西大荔縣）烏氏朐衍之戎。而晉北有林胡（今山西大同東北）樓煩（今朔州西南）之戎。』蓋春秋末西徼之匈奴。以今甘肅涇原道爲根據地。復周武王時之舊觀。其最深入一部落。則在潼關以西。長安以東。今之大荔縣是也。北徼之匈奴則屏居雁門關外今朔州大同一帶。逮戰國之末。秦趙武功皆極盛。秦滅大荔義渠。趙滅中山（今直隸正定）各築長城爲塞。今長城所界。西自寧夏東迄大同。其南殆無復匈奴。商周以來累代爲患之獯鬻獫狁至此乃告一結束。

此族人與諸夏錯居垂千年。其間必有一部分同化於我。此事理之至易推見者。據可信之史料。則此族有姓曰「隗」。而與我族廣通婚姻。周襄王有狄后。亦稱隗后。晉文公出亡居狄。狄人贈以二女叔隗季隗。文公娶季隗。以叔隗妻趙衰。生盾。然則後此之趙氏。蓋已混狄血之一半。而古金文中之包君鼎包君盉鄭同媿鼎芮伯作叔媿鼎鄧公子敦皆爲隗氏作古器流傳至今者如彼其少而與隗姓有關係者且如此其多。則當時雜婚之盛可想。不寧惟是。據世本稱陸終取鬼方氏之妹。謂之女嬇。（大戴禮帝繫篇作女隤鬼貴同聲故餽亦通作饋「女隤」即「女隗」「女嬇」即「女媿」也）此雖屬神話。抑亦諸夏與諸隗通婚甚早之一暗示矣。（國語鄭語云「當成周者西有虞虢晉隗」是隗本爲國名即鬼方之鬼古文中地名後世皆加邑旁爲識別其例甚多）其後秦始皇時有丞相隗狀。漢有隗囂。魏有隗禧。其籍貫皆在秦隴間。必爲春秋時羣狄遺種無疑。不寧惟是。晉初封時所受「懷姓九宗」。據近世學者所推定「懷」「隗」同音。則晉之民族。或最初即以諸隗爲主要成分。再考晉文公兄弟所自出。則左傳所記『大戎狐姬生重耳。小戎子生夷吾。驪戎之驪姬生奚齊』殆無一不雜異種之血。注家謂小戎即陰戎。（氏羌組）大戎即狄。「狐」音與「隗」「懷」皆近。則文公母系。殆即諸隗。故出亡時處狄十二年。備蒙優待。而舅犯（狐偃）一族在春秋爲晉貴閥者。實狄胤也。要之春秋二百餘年中。羣狄之次第同化者必不少。而晉實筦其樞。今山西直隸之中華民族。其與匈奴混血。蓋在二千五六百年以前矣。

匈奴之部分化爲諸夏。其未化者。經戰國秦趙開邊之後。遠徙塞外。漸次蕃息。至漢而驟强。集合諸部。成一大國。南嚮與中國爭衡。漢武殫國力從事撻伐。僅乃卻之。（140—87 B.C.）至宣成間。匈奴內亂。裂爲南北。甘露二年（52 B.C.）南匈奴呼韓邪單于遂款塞稱臣。其北匈奴至後漢永元三年（88 A.C.）爲竇憲擊攘。越阿爾泰山北遁。至晉武帝寧康二年（374 A.C.）卒侵入歐洲。開西方民族大移徙之局。此當於次節別論之。雖當漢與匈奴拒戰時。我族吸收匈奴分子計亦不少。其最著者。漢武之託孤大臣金日殫。即匈奴人。而其胤嗣累葉爲漢巨閥。南匈奴款塞後入居西河美稷。（今山西汾縣離石一帶）歷數百年。其種人日日在蛻化之中。然訖未能與我族爲一體。晉永興元年（304 A.C.）其酋劉淵倡亂。石勒繼之。遂開五胡之局。淵等雖爲異族。然漸染中國文化已甚深。即其襲用漢姓。已足爲一種暗示。晉書淵載記稱其『習毛詩。京氏易。馬氏尚書。尤好春秋左氏傳。孫吳兵法。略皆誦之。史漢諸子。無不綜覽。』蓋儼然中國一士大夫矣。其僭位詔令。攀引漢代列祖以自重。尤可發噱。雖出於託名攬望之策略。抑亦可徵其「中華的民族意識」早已潛伏也。（淵載記淵下令云『昔我太祖高皇帝……廓開大業孝文皇帝重以明德……孝武皇帝拓土攘夷……是我祖宗道邁三王功高五帝……我世祖光武皇帝……恢復鴻基……昭烈播越岷蜀……後帝窘辱……宗廟不血食四十年於茲矣……孤今爲羣公所推紹修三祖之業……』乃追尊劉禪爲孝懷皇帝立漢高祖以下三祖五宗神主而祭之）淵勒之族。既恣虐中夏。卒乃假手冉閔以鋤刈之。石季龍載記稱『閔躬率趙人誅諸胡羯。無貴賤男女少長皆斬之……屯據四方者。所在承閔書誅之。於時高鼻多鬚至有濫死者。』由此觀之。茲役以後。內地之匈奴族殆盡。其有孑遺。亦必冒漢族以求自免矣。

二　東胡。　漢初形勢。雄據塞外者三大族。正北曰匈奴。東北曰東胡。西北曰月氏。匈奴盛時。破滅兩族。月氏自茲西徙。而東胡則後此乘匈奴之敝。代之而興。其與中華民族之關係最複雜。今當分別論之。

甲　漢以前之東胡　東胡蓋居於今京兆直隸北部及奉天熱河間。其初以名通於中國。則曰北戎。春秋於隱九年記其伐鄭。桓六年記其伐齊。莊三十年記其病燕。是爲此族與中國交涉之始。莊三十一年（664 B. C.）齊桓公大敗之。自是百年間不見於經傳。襄四年（569 B. C.）無終子嘉父納款於晉。請和諸戎。無終爲今京兆之昌平。實山戎所建國。蓋自齊霸既衰。此族漸自立矣。昭元年（541 B. C.）晉荀吳敗無終。此後亦不復見。似役屬於晉。或一部已同化也。戰國燕昭王時（311—279 B. C.）破走東胡。卻之千餘里。此族自是始屏居塞外。

乙　烏桓。　漢初匈奴冒頓滅東胡。餘類保烏桓山。在今熱河北境之阿嚕科爾沁旗。因號烏桓。（亦作烏丸）漢武帝擊破匈奴左地因徙烏桓於上谷(今直隸宣化)漁陽(今京兆順義)右北平(今熱河喀喇沁旗)遼西(今直隸盧龍)遼東(今奉天)五郡塞外。爲漢偵察匈奴。(121 B. C.)東胡復與中國接近自此。建武二十二年(46 A.C.)烏桓乘匈奴之敝。大敗之始漸猖獗。東漢末葉屢爲寇暴。建安十二年(207 A. D.)曹操親征破之。首虜二十餘萬人餘衆萬餘落悉徙居中國爲齊民。東胡中之烏桓一派遂消滅。然燕代一帶之中華民族。吸收烏桓分子抑已多矣。唐時猶有烏桓遺民。見舊書室韋傳。其所居蓋在今黑龍江外。

丙鮮卑　鮮卑之名始見楚辭大招。『小腰秀頸若鮮卑只。』若大招果屈原或景差所作。則此族戰國時已通。但恐不足信。諸史爲鮮卑立傳始三國志及後漢書。稱爲『東胡之支別依鮮卑山者。』據學者所考證。則在今外蒙古以北俄屬伊爾庫次克省境。最近赤塔政府所在地也。此族自中世以降。與我族交涉最繁。其最著者爲拓跋氏慕容氏宇文氏。慕容氏自三國時卽已入居遼西。其沐諸夏文化最早。在東方則當五胡時建設前後南北諸燕。在西方則開吐谷渾(青海)拓跋氏南遷較晚。然創業最强且最久。元魏與南朝中分中國垂三百年。(386—557)孝文遷洛以還。(太和十八年=494)用夏變夷。殆底全績。就中改鮮卑姓爲漢姓。尤屬促進民族混合之大政策。(所改各姓具見通志氏族略其顯著者如拓跋爲元賀魯爲周賀葛爲葛是婁爲高屈突爲屈叱李爲李高護亦爲李莫盧爲盧拔烈蘭爲梁阿史那爲史渴燭渾爲朱破多羅爲潘)蓋自魏之中葉。鮮卑的民族意識早已澌滅。純然自覺爲中國人矣。宇文之興與慕容相先後。中間經衰落。卒乃承魏之敝。建北周朝。然其官制及公牘。乃悉擬三代。其沈醉華風可想。自餘若乞伏禿髮。號爲「河西鮮卑。」皆五胡時據有凉土。逐漸同化。蓋中世諸夏民族之化合。鮮卑人實新加入諸成分中之最重要者也。

丁契丹。　自鮮卑入中原以後。塞外東胡族之代興者。曰霫。曰庫莫奚。曰契丹。契丹初爲慕容所破。遷松漠閒。實今熱河東北部一小部落。魏齊隋時屢入貢。間亦寇掠。唐太宗時內附。賜姓李。玄宗時其酋李懷秀受朝命爲松漠都督。安祿山欲徼邊功。出兵伐之。懷秀發兵十萬與戰。祿山大敗。是爲契丹倔强之始。唐末藩鎭擁兵相攻。契丹益坐大。盡倂附近奚霫諸部。五代時中原無主。而契丹雄據東北。更國號曰遼。政治頗修明。諸鎭咸引以爲重。後晉石敬瑭至受彼册立爲「兒皇帝」。而燕雲十六州遂全入其手。宋有天下。威德不及遠。成宋遼對抗之勢。宋常納歲幣以保和局。澶淵一役。幸而不辱。時論或稱爲孤注焉。及金崛興。卒爲所滅。遼自建國後。別製契丹文字。東胡人於漢字外別立文字。自遼始也。其原有部落本甚微弱。部民以漢人——或東胡人已同化者爲多數。故遼室滅亡以後。契丹族亦不復存在。

戊渤海及女眞。　周初有所謂肅愼氏者。嘗貢石矢。後世考據家。謂其地在今黑龍江。信否無從懸斷。至南北朝時。有所謂靺鞨者始通中國。或譯作勿吉。靺鞨有七部。其最著者曰粟末靺鞨。黑水靺鞨。黑水卽黑龍江得名。高麗盛强時。諸靺鞨役屬之。唐太宗征高麗。黑水靺鞨曾出兵十五萬拒戰。高宗時李勣破滅高麗。而粟末靺鞨保東牟山。後遂建設渤海國。其國王姓大。傳十餘世二百餘年。其疆域有今之奉天熱河全境及吉林朝鮮之各一部。其黑水靺鞨。唐開元中來朝。置黑水都督。以其酋任之。賜姓名曰李獻誠。五代時。契丹盡取渤海地。其在南者籍契丹。號熟女眞。其在北者不隸契丹籍。號生女眞。生女眞始終居今黑龍江地。服屬契丹。遼全盛時。貢獻不絕。北宋中葉。遼政漸衰。而生女眞崛起。先滅遼及西夏。次滅宋。建國號曰金。遂占領中原。與南宋對峙垂百年。卒爲蒙古所滅。金建國後。亦自製文字。現居庸關之六體字碑。其中一體卽女眞文也。金人初內侵時。備極殘暴。自遷汴後。全同化於中國。

己滿州。女眞之金。爲蒙古滅後。其在內地者同化於漢人。其在關外者服屬於蒙古。明既滅元。勢力直拓於東三省。洪武間分封韓王於開原。寧王於今喀喇沁新城。遼王於廣寧。遼河流域。勢力鞏固。永樂間。更進及黑龍江。漢族勢力之奄暨東北。前此所未有也。其女眞之見於明史者有三。曰建州女眞。以今吉林省城爲中心。曰海西女眞。在松花江下游。曰野人女眞。在黑龍江邊徼。滿州者。建州女眞中之一小部落。與渤海大氏蓋同族。在明廷曾受建州都督僉事官號。明政既衰。彼乃崛起。先略定吉黑兩省。次奉天。次熱察兩特別區。初建國號曰金。後乃改爲清。乘明之亂。入主中夏。最近史蹟。猶爲吾輩所略能記憶。不必多述。當其初期。創製滿洲文字。嚴禁滿漢通婚。其他種種設施。所以謀保持其民族性者良厚。然二百餘年間。卒由政治上之征服者。變爲文化上之被征服者。及其末葉。滿洲人已無復能操滿語者。其他習俗思想。皆與漢人無異。不待辛亥革命。而此族之消亡蓋已久矣。

綜觀二千年史蹟。外族與我族之關係。以東胡爲最頻繁。其苦我也最劇。其同化於我也亦最完。前有鮮卑。後有女眞。皆數度入主中原。且享祚較永。殆由彼我民族性較接近。易相了解。不期而若螟蛉之有果嬴也。由今觀之。過去侵暴已成陳跡。東胡民族全部變爲中華民族之成分。吾儕但感覺吾族擴大之足爲慶幸云爾。

三　雜胡。「胡」以匈奴族之自稱得名。因此凡塞北諸族皆被以胡號。其在最初與匈奴對峙者。惟古代之山戎。故命曰東胡。匈奴西徙之後。復有與彼類似之族出現。其族大率撫有匈奴之舊部。而與匈奴不同系。我族因統名之曰雜胡。諸史所謂雜胡除蒙古外。大抵皆突厥民族。與匈奴同幹別支者也。其主要者。曰柔然。曰突厥。曰回紇。

甲柔然（蠕蠕）　匈奴西徙後。鮮卑南下。居其故地。鮮卑入主中原。而柔然受之。柔然之後爲突厥。突厥之後爲回紇。回紇之後。小部落割據。逮蒙古起而統一之。千餘年間。今外蒙古一帶統治權之遞嬗。大略如是。據魏史所述。柔然之先本拓跋家奴也。當其盛時。轄境西抵焉耆。東及朝鮮。北則渡沙漠。窮瀚海。壤宇埒冒頓。南嚮與魏爭衡。魏築長城距柔然也。柔然猖獗垂二百年。其後突厥驟興。而高車復乘其後。至北周與突厥連和。柔然敗殘之餘。率千餘落奔關中。周文帝徇突厥之請。收柔然主以下三千餘人斬之。婦稚配爲奴隸。此族遂盡。柔然興亡。皆暫。於我民族之化合影響蓋細。

乙突厥　突厥。今之土耳其民族也。舊史稱爲平涼雜胡。匈奴別種。在漢時爲丁零。南北朝之初爲高車。亦稱鐵勒。蓋居於俄屬貝加爾湖之東部。逐漸蕃育南下。初臣服柔然。後滅之。奄有其地。至北朝季而極强。齊周爭與和親。隋末之亂。外則契丹室韋吐谷渾高昌皆役屬之。內則羣雄割據者皆依彼爲重。唐高祖亦其一也。及唐太宗大破之。俘其可汗頡利。即高祖所嘗臣事者也。頡利亡後。其部衆或走薛延陀。或入西域。而來歸者尚十餘萬。拓塞內地。自朔州（今山西朔縣）。屬靈州（今甘肅靈縣）。以處其人。置兩都督統之。其後羣臣多言處突厥於中國非是。乃封頡利族子思摩爲可汗。賜姓李。悉徙突厥還故地。高宗席太宗之業。國威最盛。置瀚海雲中兩都護府。分領漠北漠南諸胡。凡三十年。北方無戎馬警。及玄宗時。突厥內亂。其國遂爲回紇所有。突厥興自西魏大統間。亡於唐開元間。（535—735）有國凡二百年。

突厥之一部。自南北朝時分爲西突厥。西突厥極强時。跨有葱嶺東西。其極西與波斯爲界。今歐人稱俄屬西伯利亞之西南一隅爲土耳其斯坦。稱我新疆全境爲東土耳其斯坦。蓋從當時西突厥領土得名。唐高宗時滅之。裂其地爲州縣。統以西安都護府。西安都護府不常所治。最遠時曾建置於怛邏私城。即今西伯利亞鐵路最終點之浩罕一帶地也。西突厥經唐膺懲後。逐漸西徙。九十十一三世紀間侵入印度波斯。遂定居於小亞西亞。更進而居東羅馬故都之君士但丁堡。中間與他種混雜。且緣地理上之影響變化。遂形成今日之土耳其民族。

突厥一別部曰沙陀。始附東突厥。繼附西突厥。西突厥亡。沙陀內屬。安史亂時。先後附回紇吐蕃。繼爲吐蕃所破。悉部落歸唐。唐賜其酋姓名曰李國昌。命爲大同軍使。唐末據有今山西全境。黃巢陷京師。國昌子克用屢破之。與巢部將朱溫相持。後卒滅朱溫。稱帝汴京。建國號曰後唐。突厥民族曾入主中原者。惟此一支。然歷時甚暫。享祚亦短。

丙回紇　回紇亦高車之一部。隋時始聞。初臣附突厥。唐武后時。突厥衰。而回紇已盡幷東北諸部落。乘虛西侵。盡得古匈奴故地。安史之亂。助唐復兩京。恃功而驕。部衆屢集長安。白晝殺人市中。有司莫敢問。河北數千里。皆受其荼毒。至唐文宗時。爲黠戛斯所滅。餘衆居新疆磧西地。

要而論之。隋唐四五百年間。東胡族甚微不振。其先後縱橫於塞北者。若突厥。若回紇。若薛延陀。皆土耳其族。與古匈奴血緣相近。今中華民國五大民族之一——甘肅新疆一帶之回族。皆其胤也。此族始終未嘗一度爲中國之主權者。（沙陀突厥短時間割據可不必計）其受諸夏民族之同化亦較少。然唐代將帥亦頗有其種人。

丁蒙古。　蒙古於諸族中最後起。頗難確指其所出。舊史多指為鐵勒部落之一。然鐵勒為土耳其族。衍為今日之回族。淵源歷歷可徵。蒙之與回。分野顯然。混為一談。必無合矣。蒙古名始見於舊唐書室韋傳。稱室韋部落至衆。有蒙兀室韋者。北傍望建河。河卽今之黑龍江也。室韋為東胡別部。故蒙古亦可謂為東胡。但起自極北。其文北在鮮卑女眞諸族下。其所統部衆。又經千餘年間之混合——塞北諸地。累代為匈奴鮮卑突厥回紇等所嬗居。包含異分子甚多。故歐西學者。往往以蒙古族與東胡突厥鼎峙而三。實則其酋蓋別部東胡。其民則東胡突厥之混種耳。蒙古浡興後。據中國為中心。以武力統一歐亞兩洲。建設空前絕後之大帝國。其史蹟範圍甚廣。非此所宜喋述。其族頗倔强。不甚受同化。故其帝國瓦解後。仍保持其民族性。居漠南北故地。至今為中華民國五族之一焉。

四其他諸異族

甲烏孫。　我國歷史上有一最怪異之民族。曰烏孫。不知其所自來。惟知其族當漢初時居今新疆伊犂河兩岸。漢書西域傳烏孫條下顏師古注云『胡人青眼赤鬚。狀類獼猴。』蓋其容貌與當時諸胡皆迥別。六朝時烏孫為蠕蠕所侵。其一部徙居葱嶺中。為五識匿國。亦名達摩識鐵帝。新唐書西域傳謂『五識匿人碧瞳。』大唐西域記謂『達摩識鐵帝國民眼多碧綠。』是也。其一部徙居唐努烏梁海間。在唐曰黠戞斯。唐書回紇傳謂『黠戞斯人長大赤髮皙面綠瞳。』是也。黠戞斯為古堅昆地。漢時匈奴封李陵為右賢王駐此。唐景龍中。黠戞斯入貢。中宗勞使者曰。『爾國與我同宗。非他部比。』據此則源出西涼李暠之唐家。

似與此族有繫屬。其同化程度。不知何若也。

乙塞種。　兩漢西域傳。屢見塞種之名。注家不知其所指。經近世學者所考證。則塞人即希臘人。殆成定論。此種東方根據地為大夏。在葱嶺北西麓。即亞歷山大王部將所建設之柏忒里亞國。月氏西徙時滅之。其種人沿葱嶺南下入印度。內中一小部分。度嶺而東。居烏孫舊地。故魏書謂烏孫人雜塞種及月氏種。是今伊犂一帶。混希臘血之民。當不少也。要之今新疆境內民族至複雜。西比利亞及中亞細亞各族皆混焉。而遠在歐洲之希臘人。亦其成分之一也。

丙波斯阿剌伯猶太。　九世紀時。阿剌伯人所著旅華見聞錄。稱唐末黃巢之陷廣州。屠殺外國人十二萬。波斯阿剌伯希臘人皆有被殺者。數且如此。則廣州外國僑民之衆可想。唐以來沿海諸地。置市舶司。職如今之海關。專司外人互市。其久留不歸者。謂之蕃戶。蕃戶經數代後。往往純同化於我。宋末有蒲壽庚者。其先本廣州之大食蕃戶（即阿剌伯）世襲明州（今福州）市舶司。以富傾動一時。南宋之亡。宋遺臣曾依之以謀匡復。壽庚晤通蒙古。宋祚乃隕。而蒲氏終元之世。為市舶司不替。此可證閩粵沿海諸區。雜中亞細亞諸國民不少也。非惟沿海。即中原亦有然。唐制凡外人僑寓者。悉聽其自由奉教建寺。長安景教寺遺蹟見於唐會要者。尚三處。現存之景教流行中國碑。即其一。波斯祆教寺遺蹟亦不少。乃至河南省城。今猶有猶太教遺寺。據其碑文。則亦唐時已入居中國。知現時之中華民族。所含西域諸族分子。不知凡幾也。

本篇所論述。欲使學者得三種概念。

一中華民族。為一極複雜而極鞏固之民族。

二．此複雜鞏固之民族．乃出極大之代價所構成．

三．此民族在將來．絕不至衰落．而且有更擴大之可能性．

欲令此三種觀察證實．宜分兩方面觀察．第一．中華民族同化諸異民族所用程序共有幾種．第二．中華民族同化力特別發展之原因何在．今綜析之．

中華民族同化諸異族所用程序．略有如下之各種．

一　諸異族以國際上平等交際的形式．與我族相接觸．不期而同化於我．如春秋時秦楚吳越諸國之同化於諸夏是．

二　我族征服他族．以政治力支配之感化之．使其逐漸同化．如對於氐羌苗蠻族屢次之改土歸流是．

三　用政治上勢力．徙置我族於他族勢力範圍內．使我族同化力得占優勢．向其地發展．如周代封齊於萊夷區域．封晉於赤狄區域．秦徙民萬家於蜀．發謫戍五十萬人開五嶺之類是．

四　我族戰勝他族．徙其民入居內地．使濡染我文明．漸次同化．如秦晉徙陸渾之戎於伊川．漢徙百越於江淮．漢魏徙氐羌於三輔．唐徙突厥於塞下之類是．

五　以經濟上之動機．我族自由播殖於他族之地．如近世福建人開拓臺灣．山東人開拓東山省之類是．

六　他族征服我族．經若干歲月之後．遂變爲文化上之被征服者．如鮮卑女眞滿洲諸朝代是．

七　他族之一箇人或一部落．以歸降或其他原因．取得中國國籍．歷時遂變爲中國人．如漢之金日磾．晉之劉淵．唐代大多數之蕃將皆是．

八 緣通商流寓久之遂同化於中國。如宋代蒲壽庚之類是。

以上所述。除第四第六兩項外。亦可稱爲民族化合之普通程序。惟當此等程序進行時。何故我族不爲被同化之客體。而常爲能同化之主體。何故不裂爲二個以上之民族。而常集中爲一個民族。其原因蓋有數端。

一 我所宅者爲大平原。一主幹的文化系既已確立。則凡棲息此間者。被其影響。受其函蓋。難以別成風氣。

二 我所用者爲象形文字。諸族言語雖極複雜。然勢不能不以此種文字爲傳達思想之公用工具。故在同文的條件之下。漸形成一不可分裂之大民族。

三 我族夙以平天下爲最高理想。非惟古代部落觀念在所鄙夷。卽近代國家觀念亦甚淡泊。懷遠之教勝而排外之習少。故不以固有之民族自域。而歡迎新分子之加入。

四 地廣人稀。能容各民族交互徙置。徙置之結果。能增加交感化合作用。

五 我族愛和平。尊中庸。對於他族雜居者之習俗。恆表相當的尊重。（所謂因其風不易其俗齊其政不易其宜）坐是之故。能減殺他方之反抗運動。假以時日。同化自能奏效。

六 同姓不婚之信條甚堅強。血族婚姻。既在所排斥。故與他族雜婚盛行。能促進彼我之同化。

七 我族經濟能力發展頗達高度。常能以其餘力向外進取。而新加入之分子。亦於經濟上組織上同化。

八 武力上屢次失敗退嬰之結果。西北蠻族侵入我文化中樞地。自然爲我固有文化所薰育。漸變其質。一面則我文化中樞人數次南渡。挾固有文化以灌東南。故全境能爲等量的發展。

具以上諸因。故能摶捖數萬萬人以成爲全世界第一大民族。然三千餘年殆無日不在蛻化作用中。其所受苦痛。殆不可以計算。而先民精力之消耗於此間者亦不可紀極。進化所以濡滯。職此之由。今此大業之已成就者則八九矣。所餘一二——如蒙回族未同化之一部分之賡續程功。與夫此已成民族之向上發展。則爲人子孫者所當常念也。